小さな会社★採用のルール

Strategy for Recruiting

ランチェスター経営
3つの
成功戦略

1位づくり戦略コンサルタント
佐藤元相 著
中小企業コンサルタント
竹田陽一 監修

フォレスト出版

監修の辞――

私はかれこれ40年以上、ランチェスター法則について研究し、従業員100人以下の中小企業を中心に、経営戦略のコンサルティング指導をしてきました。

経営とはもともと目に見えないもので、その要素を1つひとつ実践に落とし込む作業は、地味ながら確実に成果を上げるものとして、ランチェスター法則は間違いない経営の原理原則だと思っています。

ランチェスター法則は、「弱者の戦略」とも呼ばれ、弱者（小さな会社）が強者（大きな会社）に負けない戦略として、今では多くの中小企業が導入し取り組んでいますが、さらなる応用として使うことができると知って、正直驚きました。

それは、ランチェスター法則が**「人材の採用」**にも応用できるということです。

今回、ランチェスター法則を製造業に特化して1位づくりを指導している佐藤元相さんから、「今、中小企業の経営者が最も悩んでいるのが人の採用です。実はこの人材採用にランチェスター法則が使えたので、一度お話をさせていただけませんか」と言われ聞いてみたところ、「なるほど、中小企業はランチェスター法則の3つの分野を採用に置き換えればいいのか」と合点しました。

ランチェスター法則には、経営を構成する8つの要因があります。人材採用については「組織対策」になりますが、これとは別の3つの要因を人材採用に置き換えて応用することによって成果が出ているということでした。私は、これはランチェスター法則の新たな視点ととらえて良いのではないかと、快く監修をお引き受けしたというのが、この『小さな会社★採用のルール』です。

実際に、多くの経営者が賃金高騰のあおりを受け、ちょっとやそっとでは人が集まらないという現実に直面しています。

人材採用にお金をかけても人は来ない、人がいなければ仕事は回らないでは、いずれ倒産ということにもなりかねません。ですから、人の問題は企業の死活問題と言っていいでしょう。

このたび、ランチェスター法則が人材採用にも応用できることは、長年研究してきた私にとっては、この上ない喜びでもあります。

事例も数多く登場しますので、自社の取り組みの参考にしていただければと思っております。そして、多くの中小企業がランチェスター法則を実践することで難局を乗り越え、会社が成長されることを願っております。

ランチェスター経営㈱　代表　竹田陽一

採用のルール★1　小さな会社が大手と戦っても人材競争に勝てない

採用のルール★2

あなたの会社はどんな人材が欲しいのか？

採用のルール★3

「ランチェスター法則」で人材を採用する方法

採用のルール★4 ランチェスター法則「弱者の人材採用戦略」

採用のルール★5 小さな会社で社員が辞めずに長く働いてもらうための人材育成戦略

採用のルール 1

小さな会社が大手と戦っても人材競争に勝てない

あなたの会社に人材が集まらない！

- 「時給」で勝負したら勝てない
- 「待遇」で勝負したら勝てない
- 「求人チラシ、求人サイト」では勝てない

これは、実際に私が多くの社長にインタビューをして聞いた言葉です。

今、多くの中小企業が人材採用に悩まされています。

私は、製造業やリフォーム業、介護事業や飲食店などの中小企業・店舗の経営者を対象に全国各地で講演や研修を年間１３０回ほど講師としてお話しする機会をいただいています。そして、研修前に必ず「あなたの会社の課題は何ですか？」と、アンケートを行っています。

中小企業・店舗の経営者が本音で課題を記したアンケート用紙は、１回の研修で数十枚

になりますので、1年間で数千件の経営者の課題が、私の手元に蓄積されます。

そんなアンケートの中、ここ数年で圧倒的に増えているのが、

- 人材（パート・アルバイト含む）確保と定着率を向上させたい
- 正規の社員確保、職人を増やしたい
- スキルのある人の中途採用募集はどうすればいいのかわからない
- 人が集まり（採用）、働きがいのある会社にしたい

といった課題です。


ある工務店の社長から相談がありました。

「求人広告を出していますが、まったく問い合わせがありません。もう人がいないのでしょうか？」

この工務店は大阪で木造軸組在来工法という伝統的な技法を使い、木造の3階建て住宅

をメインにして建てている家族経営の小さな会社です。

会社の前はバス通りになっており、人通りも多いので、「ちょっとでも可能性があれば」と、社長は求人募集をポスターサイズの大きさにして会社の前に貼り出しました。

給料や時間がわかりやすいように、その部分を特に大きく目立つように書きました。

しかし、人通りが多いにもかかわらず、まったく反響がありません。

近所のハローワークにも事業所登録をしていますが、こちらからも問い合わせはありません。

ある日、大手求人媒体を運営する会社から連絡が入りました。

建築の業界で実績があるというので、社長は営業マンと話をすることにしました。

営業マンからは、「相場感よりも少し給料を上げてみてはどうでしょうか？」という提案があり、そのアドバイスを受け入れ、給料を少し上げて大手求人媒体のウェブサイトに登録しました。しかし、契約期間内の問い合わせは1件もありませんでした。

「投資した費用をムダにしたくない」と、社長はウェブサイトでの掲載期間を2週間延長しました。しかしそれでも、以前と何ひとつ変わりません。

そこで営業マンから、「契約内容のランクを上げていただければ、ウェブサイトと新聞求人欄と同時掲載できるプランもありますよ」と提案を受けましたが、税理士から「これ以上、求人に関わる費用が増えると、仕事受注して売上げを上げても、採用のコストばかりが大きくなって利益が出ませんよ」と言われました。

社長は、そう忠告を受けていたので契約の提案を断りました。

残念なことに、小さな会社の場合、給料の金額を上げたら応募者が増えるという論理は成立しません。なぜならば、人手不足の危機感から、スキルの高い若者を高給で雇用しようとする「ライバル会社の存在」があるからです。

いくら悪戦苦闘を繰り返しても、企業の人手不足への危機感が強まっていくかぎり、給料の引き上げ額で競争しても小さな会社に勝ち目はないのです。

根拠のない幻想にあなたも陥る可能性があるかもしれません。じっくり観察してみれば、求人募集で失敗している多くの会社がやり方を間違っているのです。

大企業と同じ採用のやり方で突き進めたところで、いつまでたってもゴールは見えてきません。

大手には勝てない圧倒的な賃金・待遇の差

今、日本では人手不足が深刻化しています。

そして、人材確保のためにさまざまな働き方を提案する動きが広がっています。

その1つが週休3日制です。たとえば、大手の佐川急便では正社員の一部ドライバーを対象に導入していると言います。また、1カ月以上の育児休暇取得を男性社員に義務づけている大手企業も現れています。

●積水ハウス「男性社員に育児休暇1カ月。完全取得宣言」
●佐川急便「週休3日導入　ヤマトも検討」
●清水建設「工事の協力企業が週休1日から2日制導入に。日当を上げ支援。派遣時給3年で3割上げ」
●AIG損害保険「転勤希望地以外に赴任する際、5割高い住宅補助と月額20万円の手当を支給」

働く人の立場で見ると、「働く時間は短くて、給料は高いほうがいい」に越したことはありません。待遇の話であれば、休日が多い会社が圧倒的に有利です。

しかし、「1人当たりの生産性」が低い小さな会社が、大手企業と同じように「働く日を減らして、休日を増やす」と間違いなく赤字になってしまいます。

実際に、大企業と中小企業を比べてみると、1人当たりの生産性は大企業で1327万円(年間)。一方、中小企業で558万円(年間)です。

大企業と中小企業ではおよそ800万円の大きな経済格差が存在するのです(2018年「中小企業白書」より　非製造業の1人当たりの付加価値)。

たしかに、働く環境や待遇をより良くすることは経営者として重要な仕事の1つです。現場の待遇をより良くして働く人の幸せを実現していくことは会社の使命でもあります。

しかし、ちょっと考えてみてください。

そもそも、大企業と同じように、小さな会社が休日を増やさないと採用に成功することはできないのでしょうか？

大企業と同じように、小さな会社は給料を高く設定しないと優秀な人を採用することができないのでしょうか？


また、中小企業では太刀打ちできない状況が待ち構えています。

残業時間の上限規制が２０１９年４月から大手企業で、２０２０年４月から中小企業で始まっています。

政府は、「最低賃金についてより早期に全国平均１０００円を目指し、年３％程度引き上げるべきだ」（２０１９年5月14日）と方針を打ち出しました。

２０１９年４月より施行されている「働き方改革関連法」で、従業員に年休を取得させることが企業に義務づけられ、違反すれば罰則が科せられることになりました。

休みが増えて、働く時間はより短くなり、１時間当たりの最低賃金は毎年３％上昇する。

以上のことは、私の考えではなく事実なのです。

今の時点では信じられないこともあるかもしれませんが、変えられない状況が目の前に迫ってきているのです。

現状のまま何も変わらなければ、私たち小さな会社にとって限界を超える環境が間違いなくやってくる。だからこそ、今、手を止めて考えてみるべき時なのです。

小さな会社は人材採用に打つ手はないのか？

小さな会社や店舗の経営者の悩みである人材採用。

労働人口が減少し、「働き方改革関連法」などによって世の中が大きく変わっていく中、小さな会社にもはや打つ手はないのでしょうか？

大手とは違ったやり方で、人材を確保する方法はないのでしょうか？

多くの会社が悩む中、私は一筋の光を見いだしました。小さな会社が大手に勝てる人材採用の方法「**小さな会社の採用のルール**」です。この方法により、経営者の欲しい人材が集まり、しかも給料に関係なく長く働いてもらえる経営戦略が生まれたのです。

岐阜県山県市にあるオーダーメイド家具専門のF・FURNITURE／藤岡木工所（従業員10人）の藤岡社長は、「うちはなんにもしとらん。募集広告も出していないし、採用のこともウェブに書いていない。でも、若い人たちが『モノづくりをしたい』と言って、いろいろな地域から連絡してくるのです」と、2019年度も新卒2名を採用したと話していました。

連絡してきた若者に、「うちのような小さな工場で働かなくても、あなたにはもっと可能性があるから。給料も高くないよ」と、社長は何度も断っていました。

それでも「ここで働きたいです。ぜひお願いします」と申し出る人が絶えないと言います。

どうしてそんなに問い合わせが続くのでしょうか？

なぜ若い人が岐阜の町工場で働きたいと工場見学にやって来るのでしょうか？

当初、藤岡社長は気づいていませんでした。しかし実際に観察してみると、採用に成功しているのは、あるルールが潜んでいることに気がつきました。

いったいどんなルールが、若い人たちを引きつけているのでしょうか？

従来のルールにとらわれていては、人手不足であなたの会社は空中分解してしまいます。大企業にはできない、小さな会社だからこそできる最良のやり方が存在することは、藤岡社長の話からもほぼ間違いありません。

ここで言えるのは、小さな会社の採用はルールを変えた者だけが勝つのです。

そんな採用のルールにいく前に、もう少し現状について知っていただきたいと思います。

リーマンショック並み。倒産比率8割が30人以下の会社

東京商工リサーチの発表によると、2018年度の倒産件数は8111件ありました。

10年連続で倒産件数は減少していますが、倒産の原因は「販売不振」が最も多く、「倒産した企業の８割が個人経営などの小規模事業者」となっています。

アマゾンなどのネット通販の台頭で商品の価格競争が激化し、小売店離れが広がっているのも販売不振の要因となっていることは間違いないでしょう。

たとえば居酒屋の業界では、鳥貴族などの大手居酒屋で均一価格チェーン店が急増して、業界の客単価は前年割れが止まりません。利用客１人が飲食店で支払う客単価は、１９９８年を１００とした時、２０１８年は98・５とデフレとなっています。

一方で、人件費や原材料費の負担が重くなっているのが現状です。外食の客単価は20年前の水準を回復していないのです（「日本経済新聞」２０１９年4月22日付）。

ネット通販が浸透している環境の変化に追いつくことができず、大手チェーン店の低価格販売の攻勢で販売不振が原因となっているのです。これだけが要因ではありませんが、大きく影響を受けている事実は否定できないでしょう。

大手ですらこのような状況ですから、小さな会社は言うまでもありません。

次ページの表を見てください。これは売上げ１０００万円未満の小さな会社の倒産件数の推移です。これを見ると、２０１６年から右肩上がりに倒産件数は増え、２０１８年の倒産件数はリーマンショック直後の水準に達しています。

全体的な倒産件数の総数は10年連続で減少しているといっても、現在、小さな会社にとって経営環境の厳しさは、最大級だと認識してほしいのです。

「品質の良い商品をつくっていれば、間違いなく売れる」という経営者もいまだにいます。しかし、ライバル会社の商品を調査研究することもなく、変わっていくお客様のニーズを知ろうともせず、よくわからないといってインターネットやＳＮＳなどのマーケティング知識を得ようともしない。さらには自社の規模に合った経営戦略を研究する時間も確保していない……。

これでは会社が良くなるはずがありませんし、ましてやいい人材が集まるわけなどないのです。

売上規模1000万円未満の中小企業の倒産件数推移

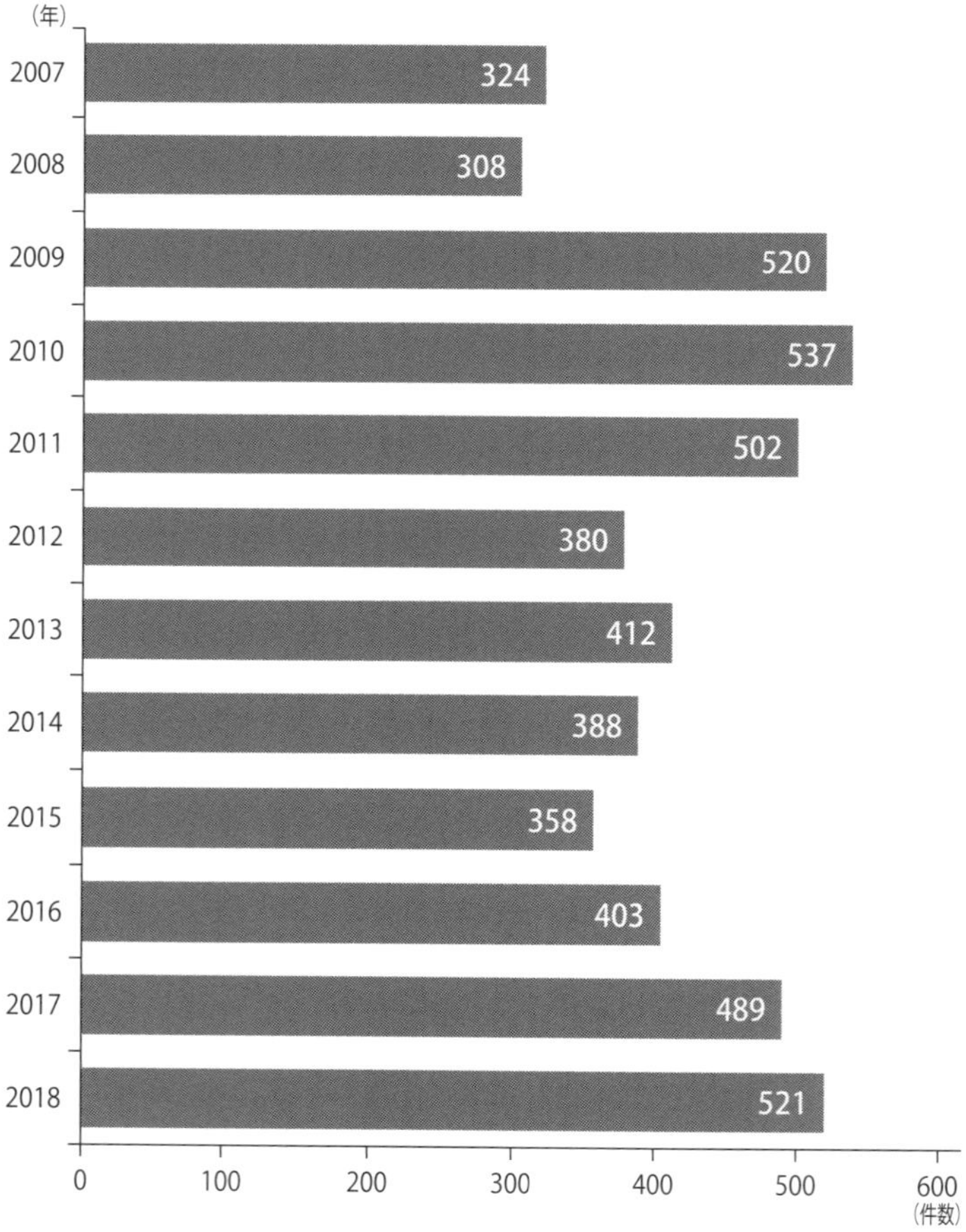

出典：東京商工リサーチ

人手不足倒産は過去最高に！

今後、さらに倒産件数を押し上げる大きな要因は「**人手不足**」です。

2018年、人手不足関連の倒産は過去最高となりました。

ますます小さな会社の経営環境は厳しくなっているのが現状です。

「人材が確保できるかできないか」は、経営に大きな打撃を与える可能性が大きいのです。

ある工務店の経営者は、「この業界は人が売上げをつくり出す。将来、人を確保している会社が生き残る」とはっきりと言っていました。


人手不足関連の倒産を業種別件数で見ると、2018年は建設業がトップで、次にサービス業、運輸・通信業と続きます。つまり、人件費比率が比較的高い産業で倒産が増えています（人手不足関連倒産の定義は、原因が人件費の高騰、求人難、従業員の退職か後継者難などいずれかに当てはまるものとしています）。

実際、建設業界では65歳以上の高齢者は81・1万人。業界全体の24・5％になっています。現場職人の高齢化が加速しています。10年後、職人が現場から大量に消える事実が待ち受けています。

大工職人を育成している地場の工務店は多くありません。現場は人手不足の業界で、職人の高齢化が進み、さらに小さな会社は求人難で経営を続けていくことがままならないような状況になっているのです。

しかしこれは、工務店だけの話ではなく、小さな会社の現状だと考えています。

次ページのグラフを見てください。**「業種別人材不足感の推移」**です。

２００９年のピークは、リーマンショックがあった年で、どの企業も人を雇える状態ではありませんでした。

当時、派遣労働者が突然に契約を打ち切られる「派遣切り」が話題になりました。日比谷公園には「年越し派遣村」ができ、仕事や住まいを失った人たちのために炊き出しが行われたことも記憶に強く残っています。

あれから10年、人手不足はほぼ毎年増加し続け、全業種で中小企業の人手不足感が強く

業種別人手不足の推移

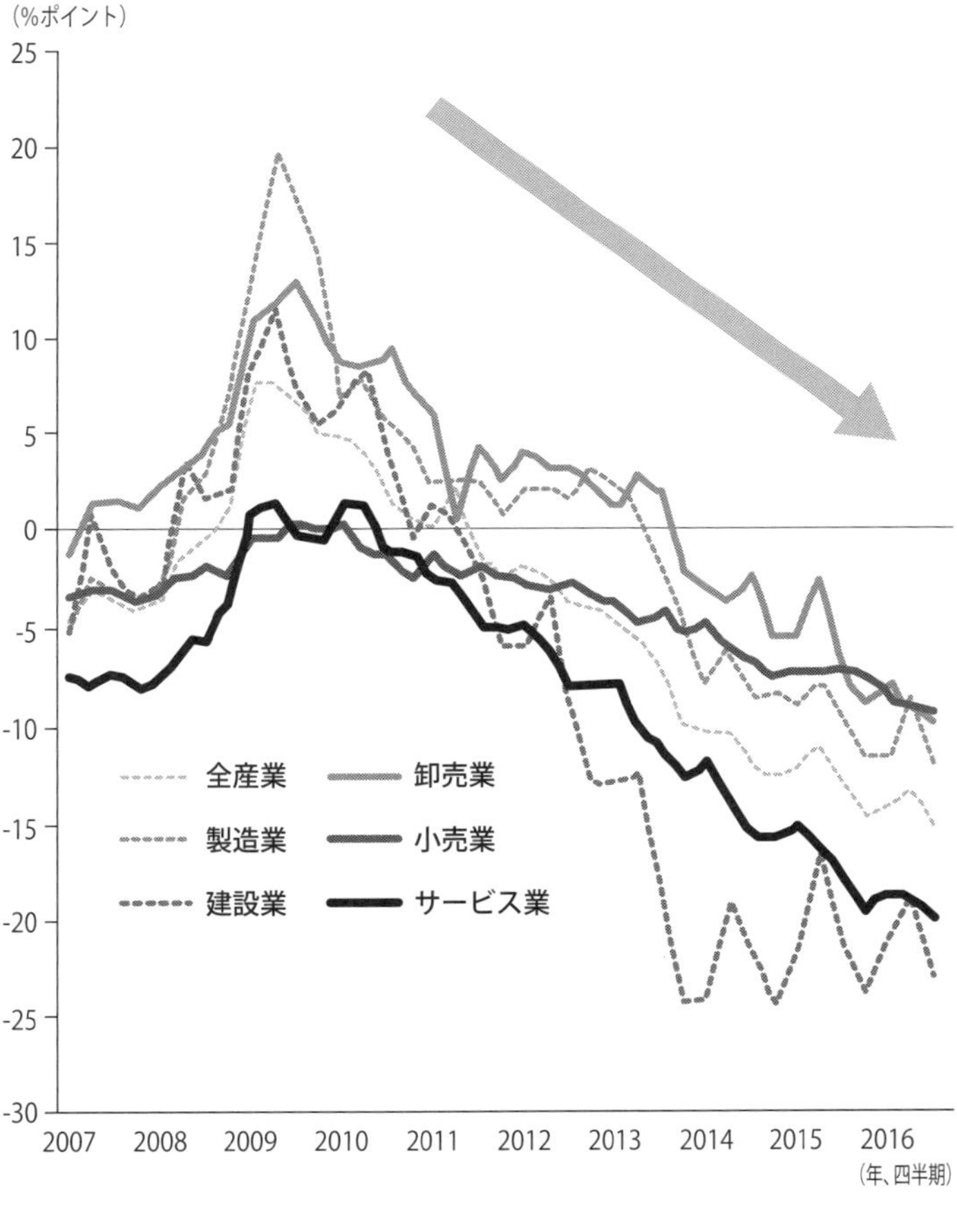

出典：中小企業基盤整備機構「第145回中小企業景況調査」

なっていく一方です。

特に、建設業とサービス業、製造業の人手不足感が著《いちじる》しいことがわかります。さらにこの報告書では、サービス業の中でも宿泊・飲食業、介護・看護、運輸業の人手不足感が強くなっていると報告されていました。

中小企業の人材確保は、もはや緊急で重要な経営課題なのです。

これが現実。やはり低時給ではどんな待遇でも人は来ない

まず、次ページの2つの貼り紙を見ください。同区域のある居酒屋の求人ポスターです。ここは大阪の人気スポットで駅も近くアーケードもあり、年中人通りの多いところです。貼り出されたアルバイト募集はポスターサイズで、店で一番目立つ場所に貼っていました。

一方で、隣の店舗も居酒屋で、店の前に求人募集の告知看板を出していました。

両店舗とも個人経営の小さな居酒屋で、大将の個性や魚料理がウリのお店です。

アルバイトスタッフ
大募集!!!

MAX 時給1,200円！

- 週２回から。希望シフト型
- 制服貸与
- 18:00 ～ 23:00の間
- まかない付
- 研修期間あり（約1ヶ月）

急募

アルバイト募集

学生・主婦の方
元気で明るい方
（男女不問）
18:00～23:00頃まで

時給950えん
金・土・日 来られる方
（交代 休み可能）

上のMAX1200円という表記に、「本当はいくらなの?」と若干不安を感じますが、隣同士の求人ポスターは、時給1200円と950円の価格競争になっています。

さて、どちらの店が先に採用することができたと思いますか?

おそらく「1200円の居酒屋のほうが先に決まる」と考えるのが当然です。

実は、両店の求人募集の案内は、私が発見した時から3カ月経過した今も店頭から消えることなくずっと存在しています。両店の大将にも確認しましたが、「誰ひとり応募がありません」と言っていました。

今やパートやアルバイトの時給は1000円台もめずらしくなくなってきています。政府は、最低賃金も全国平均1000円を目指し引き上げる方針のようです。

さらに、求人情報大手のリクルートジョブズが3大都市圏(首都圏・東海・関西)のアルバイト・パート募集の平均時給を調査したところ、平均時給は1051円(2019年2月現在)でした。業種によっては、福祉・介護・保育などの平均時給は1188円と上昇しています。

首都圏時給1200円!?
人材採用の競争はトレンド化している

製造業が中心の高度成長期から産業構造が変わり、今ではサービス産業が国内総生産（GDP）の7割で、労働人口でも7割を占めています。

小売りや飲食、介護などの分野は特に人手不足が深刻で、人材採用につながるのであればと、時間給の上げ幅も驚くほど伸びています。次に紹介するアルバイト募集の写真は旧築地市場内にあった某大手飲食チェーンの店頭に貼ってあったものです。

この相場感が特別なものなのか？　この写真を大阪のある飲食店の経営者に見てもらいました。「東京の大手の飲食店の時給が1200円を超えているみたいだけど、どう思う？」と尋ねると、「うちのような小さな店ではあり得ない」と言って首を振りました。

厚生労働省が2017年5月30日に発表した、4月の有効求人倍率は1・48倍でした。バブル期のピークだった1990年7月（1・46倍）を上回り高水準を記録しました。

5時～22時　1200円～
22時～5時　1500円～

さらに有効求人倍率は右肩上がりに伸びていき、2019年1月に公開された有効求人倍率は1・63倍となり、過去最高記録を更新している状況です（次ページ参照）。

有効求人倍率1・63倍は全国平均ですが、地域によって倍率の高いところがあれば、倍率の低い地域もあります。ちなみに東京労働局が2019年3月29日に発表した、2月の東京都内の有効求人倍率は2・13倍でした。2倍台は35カ月連続で、記録が残る1963年1月以降最長を更新しています。仕事を探している100人に対して213人分の仕事がある状態です。

求人、求職及び求人倍率の推移

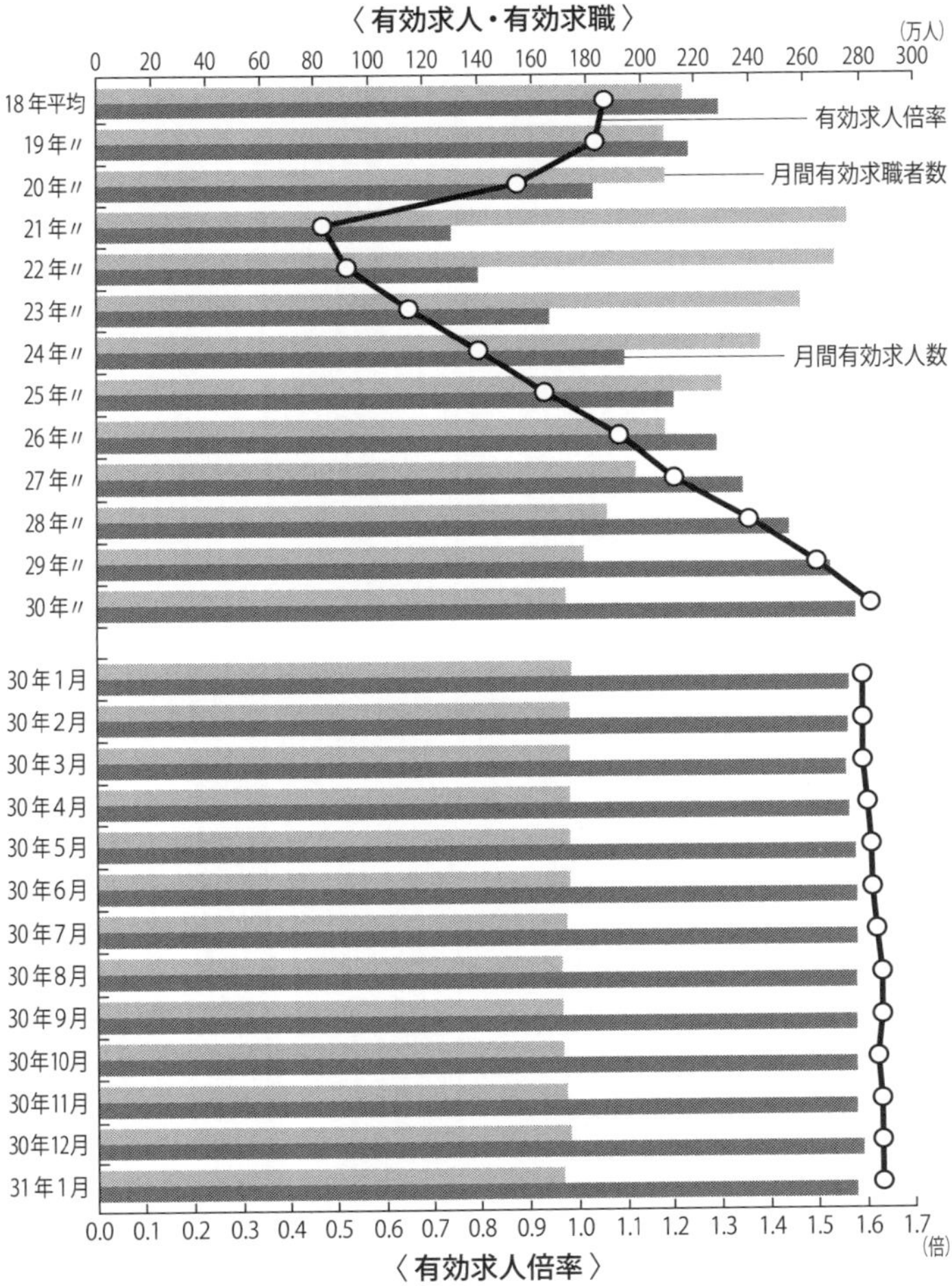

出典：厚生労働省

世の中が大きく変わっていく中、中小企業の人材不足はトレンド化しています。これから先もずっとこの傾向が変わることなく続いていくでしょう。つまり、人手不足感が続くかぎりは、小さな会社にとって存続さえも脅かす状態になることは間違いありません。

今の若者の価値観が経営を襲う

人手不足は小さな会社にとって、かなり深刻な状況ですが、若者が求める働く条件というのも変わってきています。いくら評判がいい会社であっても人が集まって来ないのです。なぜでしょうか？　私が実際に聞いた、いくつかの会社の例を紹介しましょう。

【評判が良くても経営の危機にさらされる】

京都に創業100年を超える地元密着にこだわる人気の工務店があります。

社長は地域防災の意識が高く、消防団に所属しリーダー的な役割を担当し、精力的に取り組んでいます。地域のさまざまな行事にも多数参加しているので、大変信頼度が高く評価されています。

また、地元愛の強い社長の人柄は顧客の信頼も厚く、評判は口コミで広がり、リフォームや新築の依頼が紹介で年々増えています。

そんな中、社長は若い人材を確保して、より会社を成長させたいと意気込んでいましたが、「出鼻をくじかれた」と残念そうに話していました。

理由を聞くと、ハローワークへ求人募集の申請届けに行き、求人窓口の担当者に書類を見せると「これでは難しいですね」と申請書を返されたそうです。「休みが完全週休２日制になっていない」ことが理由でした。

担当者からは「今どき、休みの少ない会社に応募はありませんよ」と言われる始末。会社は大雨や強風、台風の日はやむなく現場作業を止めなければなりません。夏の暑い日には熱中症対策で休憩時間を普段以上に確保しています。

社長は「困った時代になったものだ。そんなに休みが多くて、どうやって仕事をしたらいいのか？　これでは経営が成り立たない」と困惑していました。

【人気店ですら人材不足で店を閉店する時代】

私のオフィスの近所には日本一長い商店街、「大阪・天神橋筋商店街」があります。激安の衣料品店や雑貨店、理髪店や居酒屋など、約６００店が軒を連ねています。

「お寿司屋さんがオープンしたと思ったら、半年後に鉄板焼き屋に変わっていた」なんて当たり前のような、飲食店にとって生き残りの激しいエリアです。

その１つに、炭火の焼き鳥専門の人気店があります。

このお店は、料理はもちろんのこと、スタッフの接客やサービスも良く、近隣地域のオフィスで働く人たちから高い評価を得ています。

大阪を中心に全国で数店舗展開している焼き鳥店で、この界隈でも3店舗営業をしていました。しかし先日、そのうちの１つの店が閉店になりました。

「人が集まらない」「人が定着しない」

理由は人材不足でした。

店長は「少ない人数でもなんとかなると思ったのですが……お客様の満足度を下げたくない」という理由から閉店を決めたと言います。

競争の激しいエリアですから、お客様の評価が下がると、ほかの店舗にも悪影響を受ける可能性があると判断したのでしょう。

企業の収益や成長に人材はなくてはなりません。人材不足の対応に出遅れると企業経営そのものが崩壊してしまう時代になりました。人材確保の競争はますます激化していくでしょう。

規模の小さな会社は、どうやってこの危機を乗り越えていけばいいのでしょうか？

【働き方の改革で時代から取り残されてはならない！】

先日、ある大手ハウスメーカーの協力会社の青年部から、総会で「講師をお願いしたい」という連絡をいただきました。今回、総会でのテーマは「2021年に4週8休完全達成！」というものでした。

代表の方は打ち合わせで「業界のリーディングカンパニーとして我々が先んじて達成しなければならないのです。そうでなければ生き残れない！　何がなんでも達成しなければならないのです！」と意気込んでいました。

たしかに、4週8休は人材を確保するための必須条件になるでしょう。なぜなら、学校週休2日制が2002年4月から始まっています。全国の公立小中学校、高等学校の多くで毎週土曜日が休業日となり完全な週5日制となりました。こうして完全週休2日制で教育を受けてきた子どもたちが、学校を卒業し就職の時期を迎えています。

彼らが企業を選ぶ条件で完全週休2日は大前提、当たり前の日常となっているのです。

しかし、国土交通省のデータを参照すると、建設工事全体では週休2日制で就業している事業所は1割以下で、半数が4週4休となっているのが現状です。

この大きなギャップが、中小企業の未来に閉塞《へいそく》感を持たせているのです。

以上、この章では小さな会社が置かれている状況について解説してきましたが、働く人は仕事に何を求めているのでしょうか？　若者の価値観も変わっていく中、いったいどうすればいいのでしょうか？

採用のルール2では、働く側から考えた人材について考えてみたいと思います。

採用のルール 2

あなたの会社はどんな人材が欲しいのか？

あなたの会社にぴったりの社員、アルバイトは正攻法では見つからない！

希望条件に合わせて仕事探しをサポートしている求人サイトに、「企業の特色で選ぶ　オススメ企業の特集」という企画がありました。

その求人サイトにあった希望条件は以下のものです。

- 経営者との距離が近い
- 複数の仕事に携わる
- 平均勤続年数が10年以上
- 過去10年赤字決算なし
- シェアNO．1や特化した技術・サービスを持っている
- 海外勤務や海外を相手にする仕事ができる
- エリア限定勤務（地域密着）

●アットホームな社風
●年間休日１２０日以上
●福利厚生が充実している

ちなみに、この求人サイトで、「平均勤続年数が10年以上」で「過去10年赤字決算なし」「シェアNO．１や特化した技術・サービスを持っている」と、「年間休日１２０日以上」の項目にチェックを入れて検索ボタンをクリックすると、「電気設備機器商社　因幡電機産業」の社名が出てきました。

当社では、スキルの高い若者などを高給で雇用しようとする動きが強まっており、これまでより、初任給を３万２８００円引き上げています。
（「日本経済新聞」２０１９年４月21日付）

ありえません！

このような雇用条件や労働環境で人材獲得に対応できる小さな会社が、どれほどあるのでしょうか？　また、働いている社員たちとの整合性はいったいどうなるのでしょうか？

以上のような雇用条件や労働環境で、小さな会社が大手企業と比べられたら、まったく歯が立ちません。それどころか、条件設定を入力し検索しても社名が出てくることもありません。

こんなことがありました。

従業員が１００人規模のある商社の社長が、ハローワークに新卒採用の条件で「年間休日１２０日以上と登録してきました」と、朝礼で社員に報告しました。

「年間休日１２０日!?」と、社長の言葉を聞いた社員の顔色が変わりました。

社長は気配を感じ、すぐに話題を変えましたが、「なんで？　新人だけ優遇されるの？　オレたちはどうなる？」と、社員のザワつき感が残ったままでした。

ハローワークに登録した新卒採用の初任給についての話はありませんでしたが、これまでの条件よりも高く設定していると話から受け取れました。

人を採用し、さまざまな仕事を経験させる日本の雇用制度は年功序列を重視してきましたが、大きく見直す時期になりました。

日本型の雇用に大変革がもたらされている、大変な時代に突入しているのです。

このように、若者（労働人口）の減少で人材争奪は激しさを増す一方です。

企業間の採用競争が激化している中、人材獲得に危機感を抱く企業の「初任給を上げ、休みを増やす！」傾向は続くでしょう。

以上のことから、人手不足の中、小さな会社が正攻法でぴったりの社員を見つける力は乏《とぼ》しく、期待できるものではありません。

賃金で雇ったスタッフは会社に定着しない

30年前のある運送会社が出した新聞広告を見つけました。

営業ドライバー募集
2トン車市内集配で初任給40万円固定
3カ月後、固定　47万円
6カ月後、固定　52万円以上

すごいですね。

またその頃、運送会社に勤めていた人から、当時の話を聞く機会がありました。

「きつい仕事でしたが、自分は体力に自信があり、5年ほど働いてたくさん貯金をすることができました。仲間も借金返済のために働いている人や、飲食店や自分で会社をやりたくて資金を貯めるために働いているといった人が多かったように思いますよ」と話してくれました。

彼自身、「短期間で稼ぎたい」と仕事を探していたところ、求人広告に掲載されていた給料の金額を見て応募したと言います。

同じような動機で就職した人もいたようで、「年収1000万円を超える人もいましたが、残業時間の規定もなく、体力勝負の職場で、長く働ける場所ではなかった」と、当時を思い出しながら語っていました。

少なからず、この運送会社にはお金を稼ぐことに目的を持った人たちが集まっていたことは間違いありません。賃金をたくさんもらえることが何より大事で、仕事の内容なんてどうでもいいとは言いませんが、仕事の内容に彼らの関心が高くないことは認めなければならないでしょう。

このような事例は極端かもしれませんが、収入を得ることを目的にしている人は、お金が稼げる職場を探しているのは間違いない事実だと考えてよいでしょう。少しでも高い収入を求めて職場を探している人は、稼ぐことに労働の価値を置いているのです。

未来の自分自身の目標のため、資金を貯めるために働く人も少なくないと考えてもよいかもしれません。

あなたが、会社に愛着を持ってほしいとか、仕事に思い入れを求めても、価値観の違いからミスマッチが生じているのです。

すべてがそうだと言いきれませんが、結局のところ、賃金で採用したスタッフはこのような考えで動いているのです。
もちろん世の中には、例外もあります。初任給や年収が高く、新卒採用で入社3年目の離職率が低い優良企業も存在します。しかし、全体から見ると少数派にすぎません。

初任給や年収を高くして雇えるのは、やはり大手企業であって、中小企業が賃金で雇えるのは高い壁と言えるでしょう。

先日、地方で24時間営業のコンビニエンスストアを経営しているある社長が、こんな経験を話してくれました。

「最近、数軒先にスーパーが開業する予定で、オープニングスタッフ募集のチラシがポストに入っていました。募集内容を見ると近隣で一番高い時給になっていました。

私のところでアルバイトをしてくれていた人が『辞めたい』と言ってきたので理由を聞くと、近隣のスーパーでアルバイトすることを決めたというのです」

何とも節操がないと、この社長は嘆《なげ》いていましたが仕方がありません。

もしかしたら、日頃からスタッフとの関わりに何か問題があったのかもしれません。「給料だけではない、仕事へのやりがいや販売に関するスキルアップ、関わる人たちとの関係性、人としての成長など、働くことで得られる大切なことは何なのかを伝えきれていなかった」と、社長は残念そうに話していました。

結局、社長の経営するコンビニエンスストアは、24時間営業を行うことができなくなり、夜は店を閉めることになったと言います。

これは働く人の性格の問題でも、モラルの問題でも、現在の状況でもありません。厳しい言い方になってしまいますが、スタッフが定着しないすべての責任は〝**あなた**〟にあるのです。

離職率が高い会社は、採用のやり方を根本的に間違っている場合が多く見受けられます。特に募集の初めの段階でミスマッチが起きているのです。

たとえば、安売りチラシのように、価格訴求をすると安い価格に魅力を感じる人が集まります。同じ商品なら1円でも安い店を探して購入することが、賢い買い物をしたことになるのです。

同じように職場を選ぶ優先順位の一番が給料であれば、賃金の高い金額を提示している会社を選ぶ確率がとても高くなるものです。

また、同じ努力でより多くの給与がもらえる働き場所がたくさんあるのですから、高待遇で違う会社から誘われたら簡単になびいてしまうものです。

社員を採用できない、アルバイトが長続きしない、若い人がすぐに辞める……こうした原因はあなたにあります。小さな会社が給料で他社と競うような募集のやり方をしているかぎり、賃金で採用したスタッフは会社に定着しないのです。

共働きは当たり前。女性就業率ももはや70%を超えている

人手不足による人材難は、小さな会社をさらに苦しめています。

採用のルール１でも述べましたが、中小企業の倒産が増えてきています。倒産の８割以上が小規模事業所です。ちなみに、２０１８年の人手不足倒産は前年比44・３％増となりました（帝国データバンク）。人手不足倒産の件数は3年連続で増加しています。

たとえば、老人福祉などの介護業界では、有資格者の確保難や離職者の増加でサービスを提供できない理由から倒産が増えており、木造建築工事などの建築業界では、慢性的な職人不足から外注先が確保できず倒産に至っています。また、運送業界ではドライバー不足で受注が減り、資金繰りが悪化して倒産するケースも目立っているのです。

さらに、後継者不足からやむなく廃業をするケースも増えています。

たとえば、世界のトップブランドの日本の小さな町工場が後継者難で廃業しました。この町工場ではサッカーワールドカップで正式採用されたホイッスルを製作していましたが、代表が亡くなり、後継者もなく廃業しています。世界トップクラスの技術が日本から消えていくことは残念でなりません。

政府はこうした現状を乗りきるために、女性や高齢者の働き手を増やす環境づくりが必要だという方針を打ち出しています。しかし実際には、高齢者や女性の労働市場への参加は想定以上に進んでいて、２０１９年1月の総務省の報告では、15歳から64歳の女性の就業率はもはや70％を超えているのです。

ここに面白いデータがあります。専業主婦世帯と共働き世帯（１９８０〜２０１８年）のグラフを見てください（次ページ参照）。

グラフをひと目見ればわかる通り、専業主婦世帯と夫婦共稼ぎ世帯に２０００年から大きな差が出始めています。

いつの間にか私たちの生活スタイルは、まったく変わっているのです。

たとえば象徴的なのが、アマゾンの「アレクサ」のＣＭで、新しい夫婦のイメージを伝えています。声をかけただけで、何でも教えてくれるアレクサを活用して、ママの誕生日にサプライズケーキをプレゼントしようとする父と子どものＣＭです。

共働きで夫は休日に子どもとキッチンでケーキづくりをしています。妻が仕事から戻り、リビングのドアが開いたその時、サプライズで誕生日ケーキをプレゼントする、そんなシーンがゴールデンタイムに放映されていました。

共働き世帯が飛躍的に増えることで、家族形態が変化しており、食卓の内容や夫婦の役

専業主婦世帯と共働き世帯の変化
（1980～2018 年）

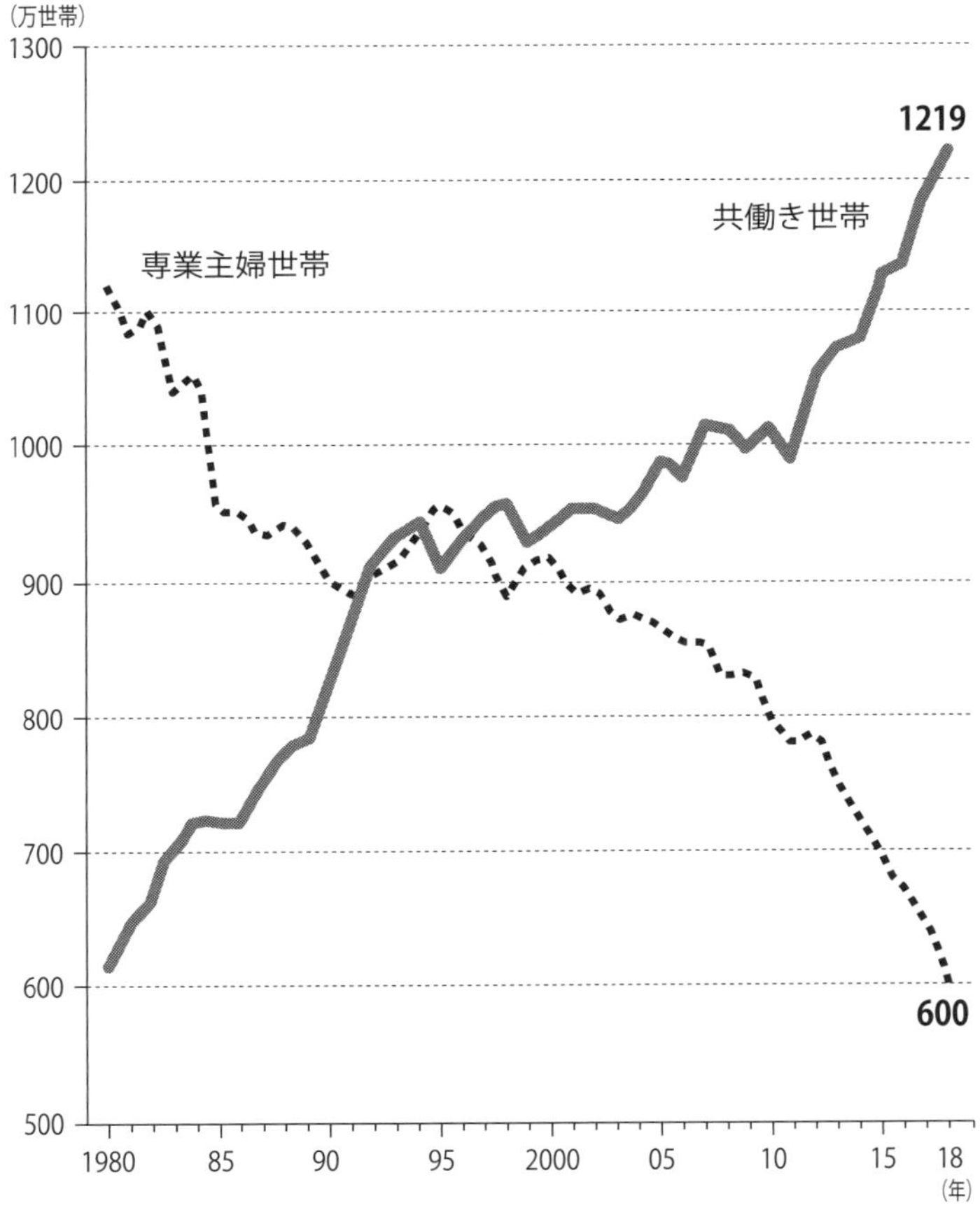

出典：労働政策研究・研修機構

割、家庭のあり方など、ライフスタイルが大きく変化していることに対応したＣＭだと感じました。

世の中はすでに大きく変わっています。

働ける女性を採用しようと考えても、就業率はすでに70％を超え、女性の人材も確保することが難しくなってきているのが現状なのです。ひと昔前なら、日本企業の職場の多くが男性優位でしたが、女性の人たちも活躍できる職場や環境をつくり、能力や意欲を引き出すことができなければ企業の発展は描けません。

「女性が働きやすい職場づくり」のできている会社とできていない会社では、数年先には業績の明暗が大きく分かれることになるでしょう。

これは、もうトレンドといっても過言ではありません。

とはいえ、**女性を採用するのも厳しい**のが現実なのです。

小さな会社に求められるのは、時代を先取りした「働きやすさ改革」です。

突きつけられた人手不足の課題を克服せず、置き去りにしたままで、未来を創り出すことはできないのです。突破口を開くのはあなたの行動しかありません。

賃金よりもやりがいを求めている人が増えてきている

「仕事にやりがいを感じられない。もっと自分が成長できる仕事がしたい」と、社会人４年目の20代、男性営業マンから職場を辞めたいと相談を受けました。

男性は「本当はもっと長く働き、知識やスキルを身につけ現場で結果を残したいと思っていたけれど、今の環境では、とてもそれどころではなく、朝早くから現場対応に追われて、気づけばあっという間に時間が過ぎていく。ずっとこのままでいいのか？　自分の未来に不安を感じている」と、新卒で入社した企業に勤め続ける気持ちが揺らいでいることを打ち明けてくれました。

一番の決定要因は、「同窓会や結婚式で友人と再会した時に、着々とキャリアを重ねている姿を見ていて、自分はどうか？　と考えた時に不安になった」と言うのです。

彼の職場は中堅の流通商社で、業界では知らない人がいないほどの会社です。

２０１９年卒業の学生に、就職先の決め手になった項目を調査すると「自らの成長が期待できる」が47％と年収や企業規模を上回ったと言います。

やりがい＞収入や企業規模

なぜ収入よりもやりがいを求めている若い人が増えているのか？

そもそも人間は「人の役に立つ人間になる」ため、あるいは「人に必要とされる人間になる」ために生を与えられていると私は思っています。

「人が評価してくれた時」や「人が認めてくれた時」に、やっていることが楽しいと心の奥底から実感できるのだと考えています。

その楽しさを「趣味」に求めたり、「ボランティア」に求めたり、「子ども」や「仕事」に求めたりするのが人間なのです。私は、生きる日々の中で、仕事が一番実感を得る、または結果の見えやすい行為なのではないかと思います。

なぜ若い人の意識が変わってきているのか？

それはＳＮＳの影響だと考えています。ＬＩＮＥやフェイスブック、ツイッターなどを通じて、友人や知人がシェアした情報が、大きく若者の行動に影響を与えているのです。

友人や知人がＳＮＳでシェアした情報をきっかけに映画を観たり、買い物をしたりする人が10代から20代に飛び抜けて高いのが現状です。

自分に身近な人がＳＮＳでシェアする情報は、遊びや買い物だけではありません。「自然や旅に関する仕事がしたい」とネイチャーガイドになった人、「ブライダルの仕事がしたい」と大学卒業と同時にカナダへ旅立った人、「声の仕事がしたい」と働きながら専門学校に通い頑張っている人など、人生をより豊かに生きている姿やリアルな体験に触れて「自分もそうありたい」と、若い時にチャレンジしたいと思うのは自然の流れだと思うのです。

つまり、ＳＮＳは若者の行動に影響を与えている大きな存在であることは間違いありません。自分のやりたいと思っていることが「人の役に立って喜ばれ、認められる」ことほど幸せなことはないのです。

ここで、欲しい人材がやりがいを求めて、自ら手を挙げてやって来る小さな町工場の採用の取り組みを紹介しましょう。

18ページでも触れた、人材不足とは無縁の岐阜県にある会社、オーダーメイド家具専門のF・FURNITURE／藤岡木工所の藤岡社長の話の続きです。

藤岡木工所は、10名の職人が働く町工場です。社長は２０１８年春に新卒の若者を2名採用しました。また、２０１９年の新卒予定者で男子1名、女子1名が入社しました。

実は藤岡木工所は人材採用に関する募集をいっさい行っておりません。にもかかわらず、若い人たちが「職人になりたい」と自ら手を挙げてやって来る会社なのです。

しかも工場は、山と川に囲まれて青い空が広がる田舎の町です。

なぜ、彼らは「藤岡木工所で働きたい」と思ったのでしょうか？

不思議に思ったので、私は新卒採用の2人に「どんな理由で藤岡木工所を選んだのか？」をヒアリングする機会をいただきました。

初めに、２０１８年採用の野田君に聴いてみました。

「新卒で入社した動機は何だったの？」

「ボクは幼い頃から大工になりたいと思っていて、いくつか工務店を見学しました。合同説明会にも参加しました。そんなある時、ウェブサイトを検索していて藤岡木工所を見つけました。サイトに出てくるスタッフのみなさんの笑顔がとても印象が良くて、楽しそうだと思いました。またモノづくりだけではなく、お客さんと一緒に体験するイベントがいくつもあって、この会社に入れば自分は成長できそうだと思いました」

次に、２０１９年採用の松田君にも聴いてみました。

「中学生の頃、夏休みの自由研究で木を使ってイスをつくったりするのがとても楽しくて、もっといろんなモノづくりをしたいと思い、地元の工業高校に入りました。また、おじいさんが家具職人だったこともあり、父からは『お前はじいさんの血筋でセンスがある』といつも褒めてくれました。

仕事をするのなら『手づくりにこだわりたい』と担任の先生に相談すると、藤岡木工所を紹介してくれました。ボクはオーダーメイドのモノづくりにずっと憧《あこが》れていたので、この機会を逃してはいけないと先生にお願いしました。

また、この会社の人たちは新人のボクでも職人として扱ってくれるので、仕事にやりがいを感じています。この会社で働けば必ず立派な家具職人になれると思っています」

彼は喜びを噛《か》みしめるように話してくれました。

新卒で採用された彼らは、これまでに多くの企業と接点があり、いくつもある選択肢の中からこの藤岡木工所を選んでいました。

一般的に給料や職場の環境、福利厚生などの待遇面だけを充実させるだけで、やりがいを高めることは難しいことは前例のデータからよくわかります。

働く人たちとの関わりや、自分の成長を感じられる機会の提供などが採用に効果的であることに間違いはなさそうです。

会社を辞める理由のトップは現場の人間関係

「仕事を覚えて『そろそろこれから』と期待をかけた社員が辞めていく。どうすればいいのか、正直困っています。どうすればいいのだか……」

知り合いの町工場の社長から、こんな相談を受けました。

話を聞いてみると、最近、仕事が大変忙しく「仕事が何より優先、納期を守る、品質を確保する」ため、社長自身も現場に入り作業をしているということでした。

まさに、小さな会社の慢性的な人手不足の現実です。

そんな状況の中、社長は早く現場の戦力として活躍してもらいたいと、入社2年目の社員を現場担当から営業担当に変えました。現場でモノづくりの知識や技術についておおむね理解したと感じた頃でした。

彼は、お客様からの「急な試作の依頼もこなしてくれて助かった」などの声もあり、とても評判が良く、お客様の「ちょっと困った」という声にきめ細やかに対応していました。

「仕事にやりがいを感じてくれている」と、私は思っていました。

そんな矢先、彼から「もう疲れました」と言われ、意外に感じて話を聞いてみると「現場がまったく対応してくれない」と言います。

「ラインがこんなに忙しいのに、なんでそんな小さな仕事を入れるんだ」と、工場長から怒られ、「現場に迷惑をかけてはいけない」と、なんと彼は工場のラインが止まったあとに会社に残り、自分ひとりで作業してお客様の対応をしていたと言うのです。

この町工場の社長は、当時のことを振り返り、しみじみと語りました。

「社長の私といえども現場で作業しなければ、お客様の要望に対応しきれない状況だったので、社員の現状を知って気にしていながらも、何の手を打つことなく時間が過ぎていきました。

そんなある時、『社長　話があるのですが……時間を取ってもらえませんか？』と言われ、後日、話を聞くと『もう限界です。会社を辞めさせてください』と言って頭を下げられました。いくら止めても説得しても彼の決意は固く、3カ月後に会社を離れていきました。

一緒に働いてきた社員から『辞めたい』と伝えられた時、私は自分を完全否定されたような気持ちになり数日間落ち込みました。辞めると決意する前に、彼の気持ちを察知できず、どうにもできなかった自分を責めてしまうのです」

中小企業で働く人が辞める理由はどういったことからなのでしょうか？

給料の不満や家庭の問題などさまざまに考えられますが、離職率のダントツトップは「人間関係」なのです。しかも、経営者や上司との人間関係の不満が最も高い割合になっています。また、離職率が高いのは就職後3年以内です（中小企業公開資料より）。ちなみに2位が給与への不満、3位が働く時間への不満と続いています（次ページ参照）。

社長や上司に不満を持って会社を辞める……。

では、どんな時に社長や上司に不満を感じるのでしょうか？


人が不満を感じる要因を解決するヒントがありました。

デール・カーネギーの『人を動かす』（創元社）という本の中で記されている「人間関係を良くする方法」です。ここには、人間関係を良くするには、「相手に関心を寄せる」という原則が書いてあります。つまり、人は自分に関心を持ってくれる人を好きになるのです。

職場を辞めた理由

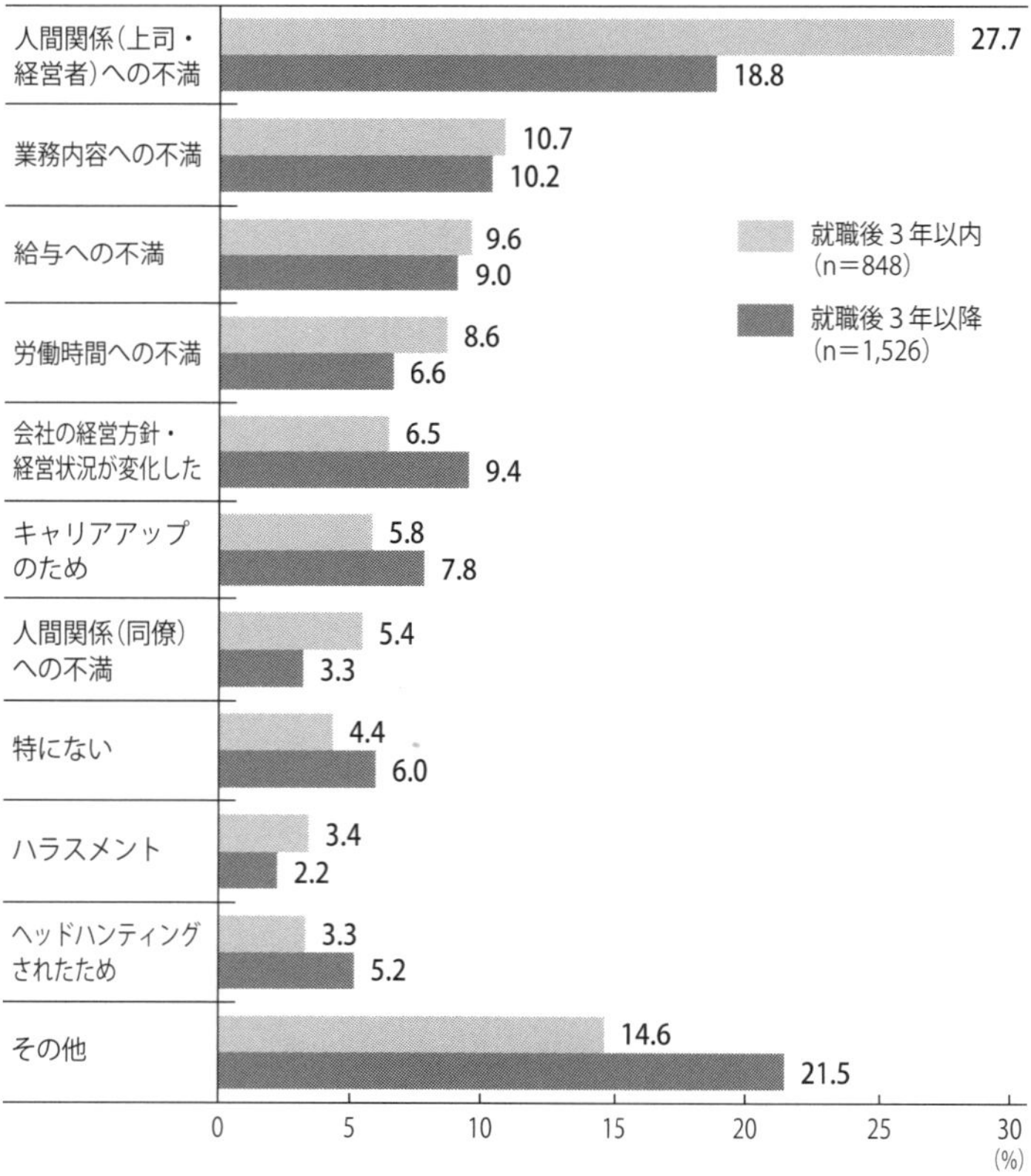

資料：中小企業庁委託「中小企業・小規模事業者の人材確保と育成に関する調査」（2014年12月、㈱野村総合研究所）

（注）1. 回答割合の高い上位10項目を表示している。
　　　2.「仕事を辞めた理由」について、1位から3位を回答してもらった中で、1位として回答されたものを集計している。

出典：中小企業庁（2015）「中小企業白書」

たとえば、私の体験でこんなことがありました。

「はい！　社長」と月曜日の朝、スタッフが真田庵の六文銭の刺繍が入ったお守りをプレゼントしてくれました。休日に夫婦でドライブしていて見つけたということでした。

実は私は、戦国時代の歴史が好きで、ＮＨＫの大河ドラマを子どもの頃から観ており、特に日本一の兵と言われた真田信繁を取り上げた『真田丸』（２０１６年放映）が大のお気に入りでした。

プライベートで遊びに行った先で、スタッフが私のことを思い出し、わざわざ車を止めお守りを買ってきてくれたと思うと、「ありがたいな」という気持ちと、私の大好きなものを知ってくれていることに心からうれしく感じました。


相手に関心を寄せることで人間関係がとても良くなる。一方で、相手に無関心でいると良好な人間関係を維持できなくなる。

「相手に関心を寄せる」の反対語は、「相手に無関心」です。

たとえば、子どもたちのいじめで、一番キツい行為は相手から無視されることです。

あなたは、部下に対して無関心な態度を取っていませんか？
あなたは、部下の個人的な問題に対して気を配っていますか？
あなたは、部下と仕事のことで気軽に話し合うことができますか？
あなたは、職場で問題が起きた時、部下の意見や考えを聞いていますか？

先ほど紹介した、町工場で働いていた若い社員が辞める時の理由は、「社長が自分のことを見てくれていない」ということでした。社長が彼と話をしていて心に刺さったのは、「仕事をしていて孤独感でいっぱいになった」という言葉でした。

これは言い換えれば、社長の普段の姿勢や心構え、行動が働く人に大きな影響を与えるといっても過言ではないのです。

小さな会社は、戦力となる社員が1人でも欠けると業績に大きく影響を及ぼします。人が辞めない、さらにやる気を持って働き続けられる組織づくりは、人手不足を解消するための小さな会社の最重要課題なのです。

この人を育てる人材育成戦略については、採用のルール5で詳しく説明します。

採用のルール
3

「ランチェスター法則」で人材を採用する方法

人材採用は「お客様づくり」と同じ

初めにランチェスター法則では、経営の目的を「**お客様づくり**」と定義しています。お客様をつくり、その数を多くすることが会社の成長につながるという考え方です。

しかし、お客様を増やし売上げを上げ、良い会社にしたいと考えているのはあなたの会社だけではありません。多くの競争相手も同じように、お客様を増やしたいと考えています。ですから、数えきれないほどの多くの競争相手の中から、あなたの会社をお客様に選んでいただかなければなりません。

どこの会社を選ぶのかも、すべての決定権はお客様が持っています。私たちには1％の決定権もありません。もちろん競争相手も同じです。

あなたの会社は、お客様に選ばれた結果、「集客がうまくいった」「業績が良くなった」という言葉で表現されているのです。

実は、**人材採用もお客様づくりと同じ考え方**なのです。

スタッフの募集をしている多数の会社の中から「どこの会社を選ぶのか？」は、スタッフに１００％の決定権があり、あなたの会社には１％の決定権もありません。

「スタッフを募集しているがまったく反響がない」ということをスタッフの視点に置き換えると、「私たちはあなたの会社を選んでいません」ということになるのです。

つまり、「スタッフの募集」から**「スタッフに選ばれる」**という考え方に変えていく必要があります。

そう考えると、「募集」という発想から「選ばれる」という視点で採用を見直してみると、新たな発見の機会をいくつもつかむことになるでしょう。

「スタッフを募集する」と考えた時に、あなたが第１に考えるのが「給料はいくらにしようか」、あるいは「年間休日は何日にしようか」などではありませんか？

実際、どこの会社もたいてい似通った内容のものばかりで、小さな会社では給料や年間休日数で大きな違いを出すことは難しい、と私は思っています。

給料や休みの数は、必ずしもスタッフが応募する第１の条件にはなっていません。

また仮に、「給料が高いから」や「休みが多くあるから」ということを理由に応募してきたスタッフは、本当にあなたが来てほしいと思っている人材なのかを考えていただきたいのです。

何だかつじつまが合っていません。

来てほしい人材と応募してくる人にギャップができてしまうのですから。

では、いったいどうすればいいのでしょうか？

何度も言いますが、「スタッフを募集する」という視点で考えるから、つじつまが合わなくなっているのです。

たとえば、こんなことがありました。

ある住宅設備機器メーカーで地元密着の工務店様向けの研修をしていた時、休憩時間に作業着を着た男性から声をかけられました。

「粗利益を増やしたいがうまくいかない」

話を聞くと、「安くしてほしい」というお客様から、小さなリフォーム工事の依頼ばかりだと言うのです。「来てほしいお客様と違う」と、作業着の男性は顔の前で手を横に振りました。

そこで彼に、どのような取り組みをしているのか聞いてみました。

「地域のご家庭にチラシをポスティングしています」と言うので、チラシを見せてもらいました。チラシはメーカーのカタログに掲載している商品の写真がいくつも並べられていました。「安心」「安全」「安い」と大きく目立つ文字、「増税前が、ぜったいにお得！ リフォームのすすめ」というキャッチコピー、キッチンリフォーム「製品代と基本工事費」で総額〇万円と打ち出されていました。

つまり、「安くしてほしい」というお客様を、自分たちで集めてしまっていたのです。

これでは、粗利益を多くするどころか、バタバタして働いている割に儲けが少なくなるのは明らかです。また、こうしたチラシは競合会社も同じようなやり方をしているので無名の会社は信頼度も低く、お客様からの問い合わせ数も期待するレベルには到達しません。

あなたの会社でのスタッフ募集の打ち出し方も、このリフォーム会社のチラシようになっている危険性があるかもしれません。

また、無名の小さな会社が「給料が高い」や「休みが多い」ということをスタッフ募集で訴求して、本当に来てほしいスタッフから選んでもらえると思いますか?

それこそ来てほしい人材と募集する会社とにミスマッチが起きているので、しばらくすると「思っていた仕事と違います」と、応募してきたスタッフは会社を離れていくのです。

そうです。どこの会社を選ぶかは、**働く側が100%の決定権を持っているのです。**

どんな人材が欲しいかは社長の夢や想いで決まる

私の息子が大学生で就職活動をしていた時のことです。

大阪で開催された合同企業説明会に参加した時の話を聞きました。

企業説明会の会場には、40社ほどの中小企業がブースを構えていたと言います。その中で「オレ、この会社に就職したい」と、息子は目を輝かせて話し始めました。

どんな会社に興味を持ったのかと聞いてみると、「メガネをつくっている会社の社長が、『今は小さな会社だけれど、メイドインジャパンの技術でメガネの世界ブランドをつくることが私の夢だ』と話していたのを聞いて、いいなぁと思った」と、就職活動でもらったたくさんの企業のパンフレットの中から、その会社のものを取り出して机の上に置きました。

何が彼の心をとらえたのか？

それは、社長が語る夢や想いに彼が共感をしたのでしょう。

社長が「夢」や「想い」を話すことは、採用でとても大きな影響力を持つと考えています。

ランチェスター法則は「夢」や「想い」、「仕事の意義」や「仕事の目的」などを含めて**「願望」**と言っています。

●何のためにこの仕事をしているのか？
●仕事を通して、我々はどのような未来を目指しているのか？
●どんな想いを持って生きているのか？

「願望」を自からの言葉で表現することが社長の仕事です。会社のあるべき姿を物語のようにつくるのです。物語に共感した人は、その物語に自分も登場して、未来を一緒に描きたいと望んでいるのです。

願望を表現することとは、人材採用だけに限ったことではありません。

先日、マレーシアでグローバル化を目指しているベンチャーの社長から話を聞きました。スタッフは地元のマレー人や華僑、インド人などさまざま国の人たちで、それぞれの文化や言葉も違うし、習慣や宗教も違う、多様性のある職場です。

社長は、「多様化した職場だから、モチベーションを高め維持するため、ことあるごとに『私はこのビジネスを通してマレーシアの人々の暮らしをより良くしたい！』と、創業の原点となる想いを伝えている」と熱意を込めて体験を話してくれました。

竹田陽一先生のランチェスター経営では、この社長の願望が経営においてどれくらいの比率であるかを示しています。

●願望、熱意、向上心、決断力、仕事時間……53％	戦略	
●経営の目的と目標（情報・革新）……27％		
●経営戦略、仕組みづくり、教育、訓練……13％		
●戦術……7％		

そして、社長を含めスタッフ6人までは100％、7～14人は99％、15～30人は98％、31～100人は96％が社長の実力で決まるとされています。

つまり、規模の小さな会社は**「社長の経営願望で業績が決まる」**と言っても過言ではありません。

人を幸せにするため、なぜあなたは会社を経営しているのか、願望を経営の原点から探求してみませんか？

人材採用のやり方を「給料」や「休み」で募集するのではなく、「夢」や「想い」に共感してくれる人に選んでもらうことができれば、それはあなたが来てほしい人材そのものなのではないでしょうか？

ランチェスター法則の「お客様づくり」が人材採用にも使える

ここまで説明してきて、そもそもランチェスター法則とは何の法則なのか、そう思いませんでしたか？

ランチェスター法則とは、もともとはイギリスで自動車会社の社長をしていたフレデリック・ランチェスターが考えた、戦争における法則です。

１９１４年7月28日に勃発《ぼっぱつ》した第１次世界大戦に刺激を受け、戦闘における力関係はどのようにして決まるのかを「ピタゴラスの定理」にヒントを得て、2つの法則を発表しました。これがのちに**「競争の法則」**と呼ばれ有名になりました。

第2次世界大戦が始まる数年前、アメリカ国防省が数学者や物理学者を何人も集めてプロジェクトチームをつくりました。そして、日本やドイツと戦争をすることになった時、どのような戦い方をすると最も効果的に勝てるかについて研究して、この2つの法則を応用したところ大きな成果を出しました。

2つの法則は「第1法則」と「第2法則」と呼ばれ、以下の公式となり伝えられました。

第1法則　攻撃力＝兵力数×武器性能（質）
第2法則　攻撃力＝兵力数（2乗）×武器性能（質）

この競争の法則を企業の競争に置き換えたのが、経営戦略におけるランチェスターの法則です。特に、第1法則は競争条件に劣る会社が使う「弱者の戦略」と言われ、第2法則は競争条件の有利な会社が使う「強者の戦略」と言います。

ランチェスター法則は競争の法則ですから、企業間競争の経営に応用するとランチェスター戦略になり、日常の仕事に応用するとランチェスター戦術になります。

つまり、ランチェスター法則は競争が発生するものには、たいがい応用できる「万能戦略」です。もちろんこの法則を、何を、どう応用するかはその人の実力と創造性によって決まります。

（竹田陽一『戦略名人』より）

今日において、経営規模の小さな会社がどのような採用の方法をとると最も効果的に成果を出すことができるのかについて研究をしていたところ、私はランチェスター法則を人材採用に応用できることがわかりました。

いくつかの企業で人材採用にランチェスター法則を応用して取り組んだところ、高い確率で成果を得られました。これらの取り組みを検証していく中で、「ランチェスター式人材採用戦略」をこうしてお伝えすることができるようになったわけです。

「お客様中心」という原理原則を知っておく

ランチェスター法則とはどんな法則なのかが少しわかったところで、「ランチェスター式人材採用戦略」とは、どのようなものなのかをお話ししていきますが、ランチェスター法則の「お客様づくり」は、人材採用の考え方にかなり重要ですので、もう少し説明させていただきます。

というのも、お客様づくりも人材採用も同じ考えだからです。

次に挙げるお客様づくりの原理原則のポイントをしっかり理解してうまく応用すれば、あなたの会社にぴったりの人がやって来ます。しかし、原則を無視すれば、どれほど資金を投入しても、成功を収めることは難しくなっていくでしょう。

では、お客様づくりの原理原則についてお話ししましょう。

会社という組織は粗利益を確保することによって活動することができます。

会社の粗利益はお客様からしか発生しません。

つまり、**経営の目的は「お客様づくり」**となります。

利益性を高めてより良い会社にするには、どのようにして「お客様を増やしていくか」が、経営そのものなのです。

そもそも、どこからモノを買うかどうかの決定権は100％お客様が持っていて、売る側は0％なのです。

お客様がすべてを決めているのです。

これは会社を経営するうえでの絶対原則です。例外はありません。そこで、お客様中心で経営を考えると、とてもシンプルでわかりやすくなります。

「売上げが下がった」とか「商品が売れない」というのは、あなたのお店や会社を視点とした考え方です。

「売上げが下がった」という言葉の主語は、あなたのお店や会社を指しています。

「商品が売れない」という言葉の主語も、あなたのお店や会社の現状を表しています。

つまり、自社視点の考え方になっているのです。

何度も言いますが、経営の絶対原則は「顧客中心」です。

顧客視点で、ものごとを考え、取り組まなければなりません。

すべての決定権を持っているお客様が私たちのお店や会社を選んでくれた結果、売上げとなり利益が出る。

お客様が私たちのお店や会社ではなく、ほかのお店や会社を選んだ結果、売上げが落ちるのです。お客様は「どこから買うのか？」を絶えず選んでいます。

ここ、ポイントです。

「お客様は常に選んでいる」のです。

お客様は「これは価値がある」と感じた「一番のところ」を選び、モノやサービスを購入しています。あなた自身、お客の立場になって自らの行動を振り返ってみた時、そう感じませんか？

つまり、「特定分野で1位」になることでお客様さまから選ばれて、売上げが上がるのです。ですから、私たちはお客様づくりにおいて「**特定分野で1位**」になることが経営の目標となります。

弱者の戦略――経営の8大要素の3つの分野で1位になる

ランチェスター法則は、小さな会社が大きな会社に勝つための経営戦略を決めるものですが、経営を構成する要因を「経営における8大要素」に分けて考えていきます。

8大要素には「商品戦略」「エリア戦略」「業界・客層戦略」「営業戦略」「顧客維持戦略」「組織戦略」「資金戦略」「仕事時間戦略」があります。この8つは特定分野と呼び、それぞれに対して、小さな会社が1位（オンリーワン）になるよう弱者の戦略を行っていきます。

では、人材採用において、どのような分野で1位になればいいのでしょうか。

私は、以下に挙げる3つの分野を考えています（次ページ参照）。

3つの特定分野で1位になることがお客様づくり（＝人材採用）で重要な課題になるのです。

これがランチェスター弱者の戦略です。

【ランチェスター弱者の戦略は、3つの特定分野で1位を目指す！】

1．業界・客層戦略　1位を目指す顧客の決定！

自社の規模や経験から得意とする客層を決める。顧客を法人にするのか、個人を顧客にするのか。法人なら「どのような業界を中心にするか」、小売業なら「どのような客層を中心にするか」になります。

一般的には、市場規模が大きな業界や幅広い客層を対象とすると売上げが多くなり、利益も増えると思われがちですが、市場規模が大きな業界には必ず強い競争相手が多数存在するので、小さな会社がこうした市場に参入しても勝ち目はありません。小さな会社は、自社の経営規模と競争相手との力関係を考えたうえで、むしろ対象を狭くすべきです。小さな会社の業界・客層づくりは、自社の経営力で1位になれる業界・

経営の8大要素から3つの特定分野で1位になる！

❶ 商品戦略
どのような商品やどのような有料のサービスを中心にするのか

❷ エリア戦略
どこの地域を中心に営業するのか(営業経費、集金費用、配送費用などを考慮)

❸ 業界・客層戦略
どのような業界、家庭、個人のお客をターゲットにするのか

❹ 営業戦略
どのような方法で商品や有料のサービスに関心が高い見込客を見つけ出すのか

❺ 顧客維持戦略
どのような方法で継続取引客をつくり、別の見込客を紹介してもらうのか

❻ 組織戦略
採用人数、人員の配分、各人の役割分担、給料制度、昇進制度など

❼ 資金戦略
資金集め、資金配分、経理の仕組みづくりなど

❽ 仕事時間戦略
１日当たりの時間仕事、１年当たりの仕事時間はどれくらいか

客層を見つけ出し、それを重点目標と決めることになります。

2. 商品戦略　1位を目指す商品の決定

目的は強い商品づくりです。自社の経営規模で1位になる商品を決める。限りある資源をムダに広げて分散したのでは、小さな会社は勝ち目がありません。あれも重要、これも重要ではダメです。総花《そうばな》主義は愚の骨頂です。こうなると経営力がひどく分散して1つひとつの競争力が弱くなってしまいます。

強い商品づくりは商品の幅を広げ、いくつもの業種に手を広げることに

あるのではなく、競争力がある強い商品や1位の商品をつくることになります。商品の幅を思いきって狭くすべきです。

3. エリア戦略　1位を目指す営業エリアの決定

どこの地域で1位を目指すのか。重点営業エリアとその範囲を決めます。強い営業エリアをつくることが目的です。

少なからず営業エリアを広くすると、「市場規模が大きくなるので、売上げが上がって、利益も増えるはずだ」と考えている方がいます。しかし、これは強者のエリア戦略になりますから、経営規模が小さな会社がこうすると、戦略の分散になってひどい結果になってしまいます。原則は営業エリアの範囲は狭くすべきなのです。

以上が、お客様づくりに直接関係する3つの特定分野になります。これらは、これから解説する人材採用においても必要な考え方となりますので、頭に入れておいてください。

人材採用も「弱者の戦略」でやる！

さて、ランチェスター法則の基本原則はここまで。これからが人材採用への応用です。といっても、実はとてもシンプルで、３つの特定分野を**「来てほしい人材」に置き換えて考えればいい**いだけです。

- **来てほしい人材は、どんな人？（＝業界・客層戦略）**
- **来てほしい人材は、どんな能力？（＝商品戦略）**
- **来てほしい人材は、どこから？（＝エリア戦略）**

こう考えれば、あなたがどういう人材に来てほしいのかが、誰にでもすぐにわかるようになります。あなたが来てほしい人材をはっきりイメージした段階で、人材採用の計画をじっくり進めていくことが経営者の仕事です。

これが経営規模の小さな会社の戦略的な人材採用となるのです。

「人材採用を弱者の戦略でやる！」とはどういうことなのか？

中小企業にとっての就活戦線の現状は、1人の学生に10社がラブコールを送る時代です。

従業員300人以下の中小企業の求人倍率（学生1人に対する求人数）は9・91倍。

このような状況で中小企業がより多くの予算をかけても、求人媒体に大きく掲載しても、まともなやり方で欲しい人材を確保できるとは思えません。

根本的にやり方を変えなければならない時がきています。

しかし、私が見ているかぎり、人手不足で困っている小さな会社が、大きな会社と同じような「人材採用のやり方」をしている場面を必ずと言ってよいほど目にします。

これほど過酷な就活戦線の現場において、欲しい人材から自社を選んでもらうためには、人材採用のやり方を差別化しなければなりません。

つまり、人材採用に**「差別化戦略」**が求められているのです。

差別化が必要にもかかわらず、相変わらずハローワークや求人媒体をどこにするかなど変わらず同じようなやり方をしていて、「求人応募に問い合わせがない」と言っていつもと同じことを「繰り返している」のです。

困ったものです。失敗を何度も繰り返しているのですから。

そもそも人材採用のやり方が間違っているにもかかわらず、そのこと自体に気づくことなく、必要以上の予算を計上し、人材採用を強化し活発に取り組んでいるわけで、これではいくらやっても同じ運命をたどることになってしまっても仕方がありません。

人口減少が超加速している日本の現状において、人材不足で倒産した会社は過去最高を記録しているのです。

しかも、平成最後の新成人は最も多かった１９７０年の２４６万人の約半分です。これは大手企業と言えども必要な人材を採用できなくなる時代がくるのは間違いないでしょう。

小さな会社は大きな会社と差別化しながら、独自の結果を生み出す独創的な人材採用の方法を設計しなければ未来を描くことはできません。

そんな中、人材採用に成功している中小企業があるのです。

人材を「確保できている企業」と「確保できていない企業」がある。

さて、その違いは何なのでしょうか？

- 業界で知名度の高い企業だから
- 独自技術を持つメーカーだから
- 福利厚生が充実しているから
- 賃金・ボーナスがたくさん出るから

答えは「**人材確保のためのノウハウ・手段がある会社**」です。

つまり、自社の規模や業態に合った独自の人材確保の仕組みと、効果的な取り組みを持っている会社が成功しています（中小企業庁ウェブサイト参照）。

人材を確保できる会社と確保できない会社には、ノウハウと手段に顕著な差があることがわかりました。

そして、人材採用のためのノウハウ・手段として「ランチェスター法則」を活用すると、欲しい人材を確保するのに、抜群の効果を発揮することがわかったのです。

この差別化は、小さな会社の人材採用戦略に、革新的な取り組みを生み出すと言っても良いでしょう。


ランチェスター法則は中小企業にとってビジネスを成功に導く必要な知識です。

私は1位づくり戦略コンサルタントとして中小企業のさまざまな問題解決をしてきました。そのベースとなる原理原則の知識は「ランチェスター法則」です。

現在はその考えを独自に応用し実行することで、数多くの顧客企業が成功を収める現場を一緒につくり出してきました。

ランチェスター法則のノウハウは100％の成功を保証できるものではありません。

しかし、これまでの経営の考え方や取り組みをランチェスター法則の原理原則に沿って変えただけで、想定以上の成果を得られたと経営者の方から喜びの声を多くいただいています。

実は数年前、全国に介護事業を展開している企業から、このランチェスター法則の手法を人材採用に応用できないかと依頼をいただきました。

人材採用に失敗続きだったある介護施設で実験をしてみたところ、「これまでにない手応えを感じた」と、人事担当者が驚き本社へ報告書を届けていました。

小さな会社の人材採用のやり方は、大きな会社のやり方と根本的に違うのです。

ランチェスター法則を応用した人材採用の方法を知ることで、あなたの会社は人手不足から解消される可能性がより高くなることは間違いないでしょう。

弱者の戦略は差別化戦略（＝局地営業・小規模1位）

しばらく前のことです。ある日、通勤途中で買い物をしているコンビニエンスストアの店頭に求人広告が貼り出されていました（次ページ参照）。

このお店はコンビニエンスストアの業界で一番のシェアを獲得しているフランチャイズ店です。しかし、このお店の周辺は、競合するコンビニエンスストアはもちろん、ファーストフード店やスーパーなど、さまざまなお店や会社がひしめいている人材確保の激戦区

なのです。

業界で一番だと言っても、この地域内においては同業種も多数あり、また異業種で競合する会社がいくつもあるので、アルバイトをする人たちにとっては、「ここで働きたい」という理由にはなりません。また、「空いている時間を利用して、バイトを始めてみませんか？」という当店からのひと言は、ほかの会社も同じような表現を使っています。

つまり、当たり障《さわ》りのないものになっていることは、誰が見てもわかります。

スタッフ募集のポスターは、ずっと同じ場所に貼り出されたままでした。

ある日のことです。いつもと同じ場所に貼り出されていたスタッフ募集のポスターが消えて、新しいポスターへと貼り替えられていました。

それからしばらくすると、いつものレジの中に若葉マークと研修中のネームカードをつけた人が立っていました。

「人が増えたの？」ともう1人のスタッフに聞くと、「はい。良かったです」とうれしそうに、新しいスタッフを紹介してくれました。

「いったい、何が起きたのか」と尋ねると、新しく貼ったアルバイト募集のポスターの内容が「とても反響が良かった」と言うのです。

新しく貼り出したアルバイト募集のポスター？

確認をしてみると、時間あたりの金額を競合する他社より増やしたわけでもなく、採用のお祝い金「1万円！」などと、特別に何かをプレゼントすることもありませんでした。

そこには、これまで見てきたアルバイト募集の常識とは真逆の発想で、アルバイト募集のポスターがつくられていました。

●「働く時間」はまったく書かれていません

●「時給の金額」も明らかにしていません
●カッコ良くデザインし直したわけでもありません

「アルバイトさん　パートさん　募集中」とスタッフが手書きで書いた、いたって簡単なものでした。そして、そのあとにはこんな言葉が綴られていました（次ページ）。

私たちは、従業員さんが働き安い職場づくりを心がけています。笑い声が聞こえてくるような明るいお店をめざしています。

①家族・学校の時間が最優先です
②学校行事の時には休めます
③お子様の発熱などの時は休めます
④急な用事が入った時、シフト交代が可能です……（以下、省略）

このポスターから、子育てをしている人に優しい職場だということがよくわかります。

また、時間と給料だけの貼り紙では感じることのできない人の温かみや安心感が手書きで伝わってきませんか。これなら「ちょっと連絡してみようかなぁ」という気持ちになると感じました。

私の分析では、このアルバイト募集のポスターは、ランチェスター法則の差別化戦略の考え方を応用してつくられています。

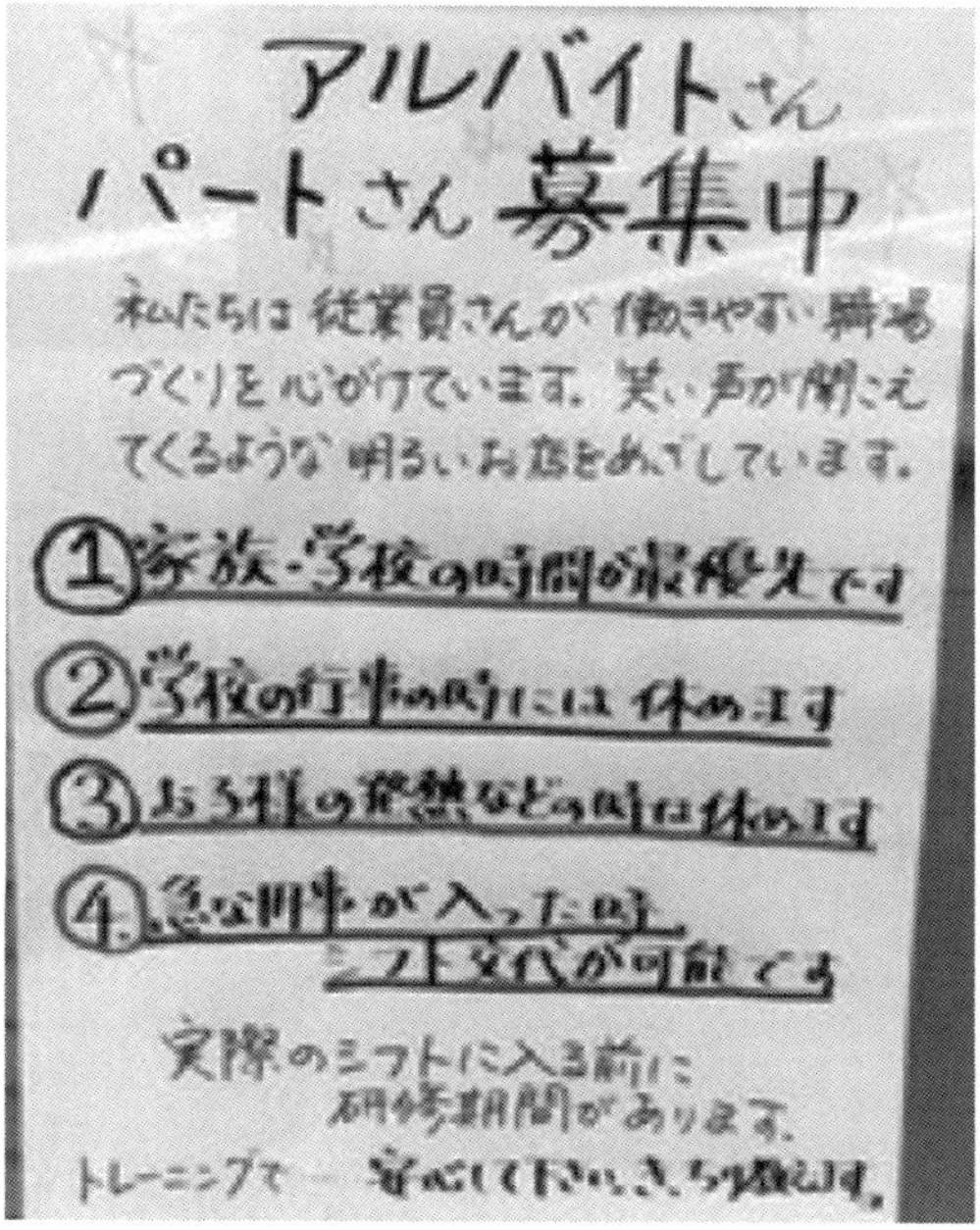
アルバイトさん
パートさん募集中
私たちは従業員さんが働きやすい職場
づくりを心がけています。笑い声が聞こえ
てくるような明るいお店をめざしています。
①家族・学校の時間が最優先です
②学校の行事の時には休めます
③お子様の発熱などの時は休めます
④急な用事が入った時
シフト交代が可能です
実際のシフトに入る前に
研修期間があります。
トレーニングで

差別化戦略とは、対象となる物事を細かく分けて、自社の勝てる領域を見つけ出し、資源を集中することを言います。つまり、「効率的に成果を得ることができる」考え方です。

実際に、このアルバイト募集のポスターは、対象をご近所さんで、幼いお子様を持つ主婦の方に特定していることがよくわかります。また、幼いお子さんを持つ主婦の困りごとや急なトラブルにも対応できる職場環境やシステムを強みとして提案していることが好感を得られていると考えられます。

1．子どもを持つ主婦に特定していること＝**対象の細分化**
2．お店から近隣エリアの方を対象としていること＝**局地営業**
3．シフト交代が可能な仕組みがあること＝**職場環境の強み**

ランチェスター法則では、細分化した対象で1位を目指すことを「**小規模1位主義**」と言い、また、対象となる地域を広げるのではなく、狭く限定して優位に活動することを「**局地戦**」と言います。

これがまさに「弱者の戦略」です。

競合他社がひしめく激戦区であるにもかかわらず、アルバイト募集に成功したのは戦略的な考えで採用の取り組みを行ったからだ、とはっきり分析することができます。

強者の戦略と弱者の戦略

■弱者の戦略■	■強者の戦略■
差別化戦略	同質化戦略
局地営業	広域営業
小規模1位	総合1位

一方で「強者の戦略」には「同質化戦略」という考え方があります。

同質化戦略を簡単に説明すると、もの真似をすることです。競合するライバルが何か違ったことを始めた時に、すかさず対応するのです。

また、競争条件の有利な強者は対象エリアを限定することなく広げていきます。ある分野で1位になったあと、次に近い分野にも力を入れて1位になることを目指します。そして、その数を多くするとより強さを維持することができます。

このやり方を「総合1位主義」と言います。

73ページで、ランチェスター法則には2つの戦略があることを伝えました。

ちなみに、市場占有率が26・1％に到達した時の1位の会社を強者と考えています。市場占有率とは、ある特定の市場全体の中で、ある商品やサービスがどれくらいの割合を占めているかを示す比率のことを言います。

ある特定市場全体の中で、1位以下の会社は弱者と位置づけて考えて良いでしょう。

強者の戦略と弱者の戦略。この2つの戦略の考え方はまったく違っており、取り組み方も違うことが理解いただけたでしょうか。

「チャンス➡アプローチ➡ヒアリング」で80％の人材が決まる

ランチェスター法則には、「**新しいお客様をつくる営業プロセス**」というものがあります。

そして、このすべてのプロセスが、人材採用に活用できることを私は発見しました。

きっかけは、クライアント企業の経営者からのこんな相談でした。

「介護施設の立ち上げでアドバイスをいただき、集客がとてもうまくいった。おかげさまで、お客様が増えて、忙しくなったのはありがたいが、現場の人手が不足して仕事が回らなくなってきている。集客ができるだから、そのやり方で採用もできませんか？」

私は、クライアントが直面していた課題が「集客から人材採用」に移行したことを理解しました。

また、介護事業は利用者の人数に対して職員の数が定められているので、とにかく緊急で重要な課題と位置づけ取り組むことになりました（施設種別・利用者数・配置職員数は変わります）。

そこで、新しいお客様をつくる営業プロセスを応用することで「人材採用につながらないか」と考えてみました。

どのように応用すればいいのか？

私は営業システムの各プロセスを分解して考えてみることにしました（97ページ参照）。

ランチェスター法則の営業システムの一番目のプロセスは**「チャンス」**です。チャンスとは、見込み客と出会うための機会づくりのことを言います。

見込み客と出会うための機会には、ウェブサイトや地域チラシ、展示会や見学会、新聞広告や紹介など、さまざまなツールや取り組み方があり、業界や会社の経営規模に応じて、あなたの会社に最適なものを決めることができます。

チャンスを機能的にするためには見込み客を見つけ出す技術が求められます。

たとえば、ウェブサイトの場合だと、サイトをつくる技術、検索で上位に露出する技術、ライティング技術、サイトを更新する知識や技術など、ウェブサイト1つ取り上げてもたくさんの技術が必要だということが理解できます。

また、いくつもの競合他社の中から「あなたの会社が選ばれるため」には、より高度な知識や経験が必要となります。

つまりチャンスのプロセンスでは、見込み客を発見するさまざまな技術が求められるのです。

次のプロセスは**「アプローチ」**です。アプローチの目的は、チャンスで発見した見込み客から「興味関心を持ってもらうこと」と「より良い人間をつくること」です。

チャンス➡アプローチ➡ヒアリング

●チャンス　見込み客発見技術

見込み客との出会う機会

●アプローチ　人間関係づくり技術

顧客に興味関心を持たせる・人間関係づくり

●ヒアリング　問題発見技術

顧客のニーズや要望を調査

●プレゼン　商品提案技術

顧客に合わせた問題解決・効果の提案

●クロージング　契約締結技術

お客様に安心感・満足感を与える

●フォロー　顧客維持技術

より強い関係づくり・継続的な関係づくり

＊各段階の目的を明確にし、戦術を準備する

チャンスで出会った、あなたの会社や商品、サービスに「興味がある」という人から、競合他社よりも好かれて、気に入られるような関係づくりを行う仕組みや技術が必要となります。

「人は自分に興味関心を持ってくれる人を好きになる」という原則がありますから、あなたが見込み客に選んだ人が「どのようなことに時間を費やし」「どのようなことに関心を持ち、不満を抱えているのか」などを知る観察力が求められます。

つまり、あなたが見込み客に選んだ人から興味関心を持ってもらうためには、先に相手の興味関心はどこにあるのかを考え観察する心構えが大事になるのです。

アプローチというプロセスで何より重要なことは、相手との信頼関係づくりなのです。

そして、最後のプロセスは**「ヒアリング」**です。

ヒアリングの目的は、あなたが見込み客に選んだ人が直面している課題を発見することです。不満や要望を具体的に引き出す質問する技術が必要です。

たとえば、あるエクステリア店に、「車を停めるのでカーポートが欲しい」とお客様から連絡があったとします。

そこで、そのお客様にヒアリングしてみると、「車の乗り降りで雨に濡《ぬ》れたくない」とか「冬の朝、フロント硝子《ガラス》が凍る」「紫外線や風雨、黄砂で車が傷む」などの不満や要望があることがわかったとします。

しかし、これだけの情報で本当に良いのでしょうか？

多くの人がこのような表面的な不満や要望を聞いて対応しているだけというのが現状なのです。

問題を発見するには、現在のライフスタイルを調査することから始めて、過去にあったトラブルや不満を引き出し、将来の可能性や考えなども知らなければなりません。

お客様の「通勤のスタイル」「車の使用頻度や使い方」「今の車のサイズ」「将来変わる可能性のある車のサイズ」、それに「お子様の年齢・自転車の有無」など……。

相手が気づいていなかった課題や可能性を導き出す技術がヒアリングでは求められます。

営業システム全体で、チャンスからアプローチ、ヒアリングまでのプロセスで、契約が80％の確率で決定するのです。

私は顧客企業の要望から、この営業プロセスを人材確保のプロセスに置き換えて試してみました。その結果、ほとんどの小規模な会社で人手不足対策が直感的な取り組みだったのに対して、システム的に少予算で欲しい人材を確保できる仕組みを完成することができたのです。このシステムで採用した人材は定着率が高く、「やりがいを感じて仕事に取り組んでくれている」と経営者から喜びの声が届いています。

では、どのような取り組みを行ったのか？

採用ルール4の事例紹介で詳しく、彼らの取り組みを解説します。

採用のルール
4

ランチェスター法則「弱者の人材採用戦略」

事例

過去に建築士として働き、現在は子育てをしている主婦を求め、地域を絞って探し当てた工務店

愛知県にある南陽硝子《ガラス》のリフォーム事業は、「LIXILリフォームコンテスト・新規開拓部門」で実績が評価され、２０１８年と２０１９年の2年連続で日本一に選ばれました。そもそも創業は昭和40年、「コップの切り子」職人の技術を家具用硝子に応用して「南陽硝子切子所」を設立しました。その後、「有限会社南陽硝子」へ法人化し、サッシ・住宅建材・水回り設備・住宅建材の販売と施工を行っている会社です。

現在、LIXILリフォームショップ南陽、介護施設の株式会社やさしい手南陽を運営しています。

同社は、早くからランチェスター法則を事業に活かした取り組みを行っていました。営業エリアを事務所10分圏内、８１００世帯に定め、得意な客層を55歳以上のシニア世代と位置づけ、地域の築25年以上の木造住宅に特化して住宅リフォームの工事・施工・提案を行い、顧客占有率の高い強い地域を築き上げてきました。

新規顧客開拓は、営業エリア内で定期的なポスティングやイベント開催、リフォーム補助金のセミナーなどを開催して、近くて安心して相談できる店づくりに努め、成長してきました。

既存顧客に対しては、お役立ち情報満載のニュースレターや「お客さま安心コール」、定期ハガキなどを活用し、ご縁をつなぐ取り組みは、お客様にとって信頼できるパートナーとしてリピート客を増やしてきました。

地元ではとても認知度が高く、「住まいのかかりつけ医」として小さな工事の相談から大きな工事まで、きめ細やかな対応で近隣の方々に喜ばれています。

しかし、近年大型ライバル店の進出で、リフォーム工事は相見積もりになる機会が増え、失注することも多くなりました。「事業の付加価値を高めなければ、価格競争になってしまう」と代表の泉由幸さんは、デザイン力や提案力を高め差別化を図ることを新たな戦略に位置づけました。

目標は、何で１位になるのか？

そこで、地域で暮らす人の所得はどうなっているのか、営業エリアを調査することにしました。すると、50歳から60歳代で年収８００万円を超える所得層の住宅分布の多いことがわかりました。そこで、客層の50から60歳の夫婦が「より付加価値の高い住宅の提案を求めている人も多いのでは？」と仮説を立てることにしました。

●子どもが成長して家を離れて暮らしている
●お盆やお正月に子どもが孫と一緒に帰って来る
●習い事をしていて仲間が定期的に集まる

という方を想定しました。

実は、この客層のモデルは、代表の泉さんご自身が、夫婦の暮らしをイメージしてつくり上げました。

「子どもが成長して、家を離れて暮らすようになり、妻は自宅で趣味のパッチワークなどを始めました。やがて近所の仲間が集まり、わいわいがやがやと家の中がにぎやかになる機会が増えました。それならいっそ、仲間が集まって楽しめる空間をつくろうとリフォームしたところ、趣味の仲間に好評で、リビングが教室みたいになって、笑い声が絶えない空間になりました。最初は寂しがっていた妻も、今では毎日が楽しいようで笑顔でいっぱいです」と泉さん。

そこでリフォームの新たな商品コンセプトは「にぎわいリフォーム」と決めました。人が集まり、楽しい時間を過ごせるにぎわいのある住まいづくりを提案するリフォーム事業で地域ナンバーワンを目指すことにしたのです。

さっそく、いくつかの設計事務所にデザインと提案を委託することにしました。しかし、顧客との相談に気軽に応じてもらえるところが少なく、対応できると言ってくれた設計事務所も会社からは遠く、お客様に不便をかけることになるなど、最適な設計事務所がなかなか見つかりませんでした。

そこで同社は、新部門に最適な人材を採用する計画を立てました。

まずは採用基準を考えました。

●コミュニケーション能力の高い方

●インテリアコーディネーターの資格がある方
●2級設計士の資格がある方
●現場経験のある方
●1週間に2日から3日程度、お客様対応ができる方

ハローワークへ登録し求人情報サイトにも掲載しました。しかし、まったく反応がありません。

そこで、ストーリーチラシ（チラシを会社やスタッフの物語ふうにしたもの。詳しくは、『「あなたのところから買いたい」とお客に言われる小さな会社』〈小社刊〉を活用して、人材採用の取り組みを始めることにしました。

欲しい人材はどのような暮らしをして、どんな課題を持っているのかをイメージしてみました。

●育児や家事、地域活動を前向きにとらえている方
●子育てしている主婦で、仕事から一定期間離れていて、キャリアにブランクが生じて

いることに不安を感じている方

また、仮説をつくるため事前に情報も集めておきました。情報は人材サービスのエン・ジャパンの調査結果が大変参考になりました。

「結婚・出産後も働く」という人に「女性が長く働けると感じるのは、どのような職場環境か」と質問したところ、「上司・同僚の理解がある」が88％で最も多い回答でした。

【女性が長く働けると感じる職場の特徴】

1. 職場の理解がある
2. 待遇・福利厚生が充実している
3. 多様な働き方を実現する制度がある
4. 雇用の継続
5. ロールモデルとなる上司がいる

以上のことから、「女性が長く働けると感じる職場の特徴」である5つの要素を前提に、ストーリーを構成し、募集チラシを3部構成でつくることにしました。

1．社長のご挨拶《あいさつ》　専門部門を立ち上げるために募集することを伝える
2．職場の雰囲気や働きやすさを職場の人の声で表現する
3．社長が自身の体験を通して欲しい人材のイメージをメッセージで伝える

1回目のストーリー募集チラシはご挨拶です。事業の案内をシンプルにまとめました
（次ページ参照）。

●信頼性として、創業50年あまり地元に密着している会社であること
●採用を始める理由に新部門を立ち上げること
●職場には9名の女性が在籍していること
●子育て世代を応援している会社であること

以上の4つを強調しました。

こんにちは、はじめまして！

名古屋市南陽地区のLIXILリフォームショップ南陽 代表の泉 由幸です。

おかげさまで、創業50年余り地域の皆様に支えていただいて

ここまで続けられることができました。

ありがとうございます。厚く感謝申し上げます。

最近お客様のご要望が増えてきましたのが

『にぎわいリフォーム相談』です。

そこで、新たに専門部門を立ち上げました。

より豊かな暮らしを実現するために、もっと「暮らしにデザイン」の力を

生かしていきたいと思っています。

一緒に、地域のお客様の笑顔を増やす仲間を募集したいと

思い手書きを書きました。インテリアコーディネーター・設計士の資格や

経験をお持ちの方で 1日2時間からOKです。

当社 現在各部所に9名の女性が和気あいあいと活躍中です。

子育て世代を応援している会社です。

一緒に、お客様のリフォームをコーディネートする方大募集中♡

会社情報

創業 1965年(昭和40年)　設立年 1976年(昭和51年)

資本金　2,000万円

LIXILリフォームショップ南陽　有限会社　南陽硝子

TEL：052-302-3231　FAX：052-301-4866
（担当　泉　まで）

営業時間：AM8:00～18:00　定休日：日・祝日

〒455-0877 名古屋市港区六軒家 1441番地

第2回目のストーリー募集チラシは、社長が「あなたがこの会社を選んだ理由やこれまでのこと、職場のこと」を、女性社員の平野さんにインタビューした内容を掲載しました（次ページ参照）。

平野さんは、小学生の子どもを2人持つ40代の子育てママです。欲しい人材も同じような環境、年齢の方がいいと考えているので、平野さんに登場をお願いしました。

そして、職場の雰囲気を対話形式で記しました。

●アットホームな雰囲気
●女性の多い職場
●10時のもぐもぐタイム　和気あいあい感
●学校行事に合わせたスケジュール
●緊急時のシフト制
●健康に配慮した職場

募集チラシでは、先輩スタッフの声で伝わるように工夫をしました。

こんにちは。２度目のご挨拶になります。
西福田学区在住、LIXILリフォームショップ南陽の泉 由幸です。
今回は、当社女性スタッフ 小学生の女の子２人を持つ40代の子育てママ
平野さんに、面接から、今までのこと、職場のことを聞いてみました。

募集の広告を見て、何社か面接に行きましたが、会社の雰囲気が良く
アットホームなのを感じました。
男性社員の２倍以上の９名の女性スタッフがいますので、ほんわかなムードです。
10時の「もぐもぐタイム」には、みんなでお茶をする時もあります。
小学生の子供を２人持つ主婦ですので、学校行事に合わせて
「１日お休み」「半日休み」をとれますので、スケジュールが組みやすいです。
また、子供の急な体調の変化による休みも、シフト制でないので、
まわりの皆さんの協力で安心していていることができます。
会社の恒例行事になっている、人間ドック、健康診断は、
女性特有の検査もしてもらえるので、家庭生活も安心して過ごせます。
全員での初詣・メッセージ付きバースデーケーキ・食事会・お歳暮や頂き物の
抽選会、まわりの皆さんが母であり、主婦ですので、
助け合って毎日仕事に取組んでいます。

～インテリアコーディネーター・
設計士の資格や経験をお持ちの方～
１日２時間からＯＫです！
当社は働く子育てママを応援します。

代表の泉です。
マイブームはダイエットです。
ご連絡お待ちしています。

LIXILリフォームショップ南陽　有限会社 南陽硝子
TEL：052-302-3231　FAX：052-301-4866
（担当 泉 まで）
営業時間：AM８:00～18:00　定休日：日・祝日
〒455-0877 名古屋市港区六軒家1441番地

そして、いよいよ3回目の最後のストーリー募集チラシです。

ちょっとここでは仕掛けを入れています。

「3度目のご挨拶になります」と、わざわざ書いているのには理由があります。

このストーリー募集チラシを初めて手に取って見た方が、「あらっ？　3度目？　知らなかった」と、過去のチラシを「あったかしら？」と探してもらうことになれば、より効果を発揮するだろうと考えて書いています。

実は過去に、あるリフォーム会社でストーリーチラシをポスティングしていた時に、ご依頼をくださった方にお聞きすると、「チラシを読むのを楽しみにしていました」と多くの方がすべてのチラシをファイリングしていたことを知りました。売り込みのない、人間味のある内容は、読者の共感を得られて、捨てられにくいチラシになっていたのです。

今回、この3回のストーリー募集チラシを会社に近い学校区エリアを選定し、2週間に1回のペースで8100枚をポスティングしました。

1回目、2回目はまったく反響がありませんでしたが、3回目に「しばらく仕事を離れていて自信はありませんが、私でもお役に立てるかなぁと思い連絡しました」と、小学生こんにちは。3度目のご挨拶になります。
にぎわいリフォーム専門店、LIXILリフォームショップ南陽の泉 由幸です。
女性の力はすごいですね！
とりわけ、子育て世代の主婦の方は、素晴らしいです。
まず、コミュニケーション能力の高さです。イベントでのお客様と仲良く
話をしているので「知り合い？」と聞くと「初めてです！」と……
私には、とうていマネできないです。
また、手際よさ！ 物事を同時にできる能力も高さを感じます。
家事をして、子育てして、仕事もしている。女性の力は素晴らしいし、
仕事も丁寧で正確です。
私たちは、働いている人の人間的成長、そして地域に元気！
にぎわいを発信する会社を目指しています。
・インテリアコーディネーター ・建築設計士 ・経験者 ・資格お持ちの方
私たちと、一緒にお客様、そして地域に笑顔をつくっていきましょう。
私たちは、子育て世代を応援する会社です。
当社は、女性スタッフの多い にぎわい会社です。
LIXILリフォームショップ南陽 新規お客様増加 全国1位（Mクラス）

LIXILリフォームショップ南陽　有限会社 南陽硝子
TEL：052-302-3231　FAX：052-301-4866
（担当 泉 まで）
営業時間：AM8:00〜18:00　定休日：日・祝日
〒455-0877 名古屋市港区六軒家1441番地

・週1日でもOK！
・1日2時間からでもOK！
・急なお休みも可能です！

の子どもを持つ主婦の方から問い合わせがありました。

その方は、大手ゼネコンで働いていた経験があり、なんと2級建築士とインテリアコーディネーターの資格を持っている方でした。


小さな会社は大きな会社と同じようなやり方で人材採用に踏み込んでもうまくいきません。

しかし残念なことに、多くの会社で、採用は強者の戦略になっているのが現状です。

小さな会社の採用は弱者の戦略を応用し、取り組むことが望ましいと私は考えています。

超採用難の時代に小さな会社が人材採用で成功するためには、社長の戦略原則の研究量と、創造性と知恵が求められるのです。

募集人材との人間関係を築く「ＦＵＶＳの法則」人材を探しにいくストーリーを募集チラシにする

駅・売店・コンビニなどに置かれている求人情報雑誌を開くと、ある会社の募集内容が大きく掲載されていました。ある土木建設の会社でした。

未経験者の方も大歓迎
プライベートも充実
年間休日１２０日
土日祝　年末年始　夏休み　お休み充分
オンオフつけて働ける
月給35万円以上
転勤なし、直行直帰可
手当・待遇面も充実の安定環境！

——すごいな。この会社……。月給は高い。休みは多い。残業は少なそう……。

とても条件の良い企業なので、どんな事業をしているのかウェブサイトを検索しました。

「2年間更新されていない⁉」

ウェブサイトのメインとなる「ニュートピックス」は、2017年から更新されていませんでした。また、代表者の挨拶に本人の写真もなく、スタッフブログにもまったく人の気配を感じませんでした。

●特別に知名度が高い会社ではない
●社長の写真もない
●働く人の気配も感じない
●何年も更新が滞っている

誰もが知っている大企業や有名企業であれば話は別ですが、求職者がこの企業サイトを見た時、「きっと不安になるだろうなぁ」と感じました。

採用難の時代に負けないためにも、小さな会社は人材採用戦略の見直しが急務です。人は心配や恐怖から体や心を守ろうとする防御メカニズムを持っています。人に不安を感じさせてはいけません。

「うちは給料が高い」とか、「うちは休みも多い」などと言っている会社は実際、ほかの会社と比べてみても十分に格差を感じるほど魅力的なものにはなっていない場合が少なくありません。

先にも伝えましたが、「給料」や「休み」に価値を感じる人が集まってしまいます。「給料」や「休み」を強調しすぎると、そこにだけ意識が集まり、本当の価値が見えなくなってしまう恐れもあるのです。

人は本当に給料や休みで会社を選んでいるのでしょうか?

先日、複数の会社で働いている人たちに「どうしてこの会社を選んだのですか?」とヒアリングをしてみると……、こんな答えが集まりました。

●家の近くに会社があったから

●もっと成長できる仕事がしたかった
●社長の人柄で決めた
●働く人がみんな笑顔だったから
●電話の対応がとても良かったから
●社長のフェイスブックをチェックしたら共通する友人がいたから
●スタッフのブログを読んで楽しそうだったから

こうしたことを理由に会社を選んだ人たちは、人との関係づくりに積極的で、仕事へのモチベーションも高く、定着率が良いこともわかりました。

さらに、ちょっと興味深い記事を見つけました。

●ご近所人材に脚光
●人材各社、主婦の時短求人
●近所に少し出かけて業務する求人が増え始めた。
●通勤時間がかからず、都合の良い時間に働ける仕事も多く、就労が難しかった人の潜在労働力の確保につながる。
●近所の働き手を集めるための拠点を新設する人材派遣会社も増えている。
（「日本経済新聞」２０１９年1月19日付）

フルタイムで働き続けようとする女性の場合、育児と両立させていくためには、職住接近が不可欠です。住宅の近くに会社があることは働く人にとって安心につながるのです。ご近所人材を採用することは地域密着の会社にとって有効な手立てだと考えます。

「なぜこの会社を選んだのでしょうか？」という問いに着目していただきたい項目があります。それは、**「社長の人柄」「社長のフェイスブック」「働く人の笑顔」**や**「電話の対応」「スタッフのブログを読んで決めた」**という人間的な側面に多くの意見が集まっていることです。

相手のことを知ることで人は安心感を得る。反面、人は知らない人を警戒する。

つまり、あなたのことやあなたの会社のことを公開すると選んでもらいやすく、採用に有利だということが理解できます。

さらに社内旅行やイベントなどの取り組みや働く人たちの想いなどを知ってもらい、ありのままの姿を知ってもらうことで、「なんだかいい感じの会社だな」と相手から安心感を持っていただけるでしょう。

さて、ここで役立つのが「FUVSの法則」です。

拙作『「あなたのところから買いたい」とお客に言われる小さな会社』（小社刊）で紹介した感性マーケティングです。

この法則は、あなたの会社や商品が、お客様に選んでもらえる確率が高くなる考え方で、感性マーケティングのやり方を人材採用に応用展開できないかと考えたものです。見込み客を集める方法と働きたい人を集める方法が同じではないかと思ったのです。

そこで、ある業界でいくつか試してみたところ、驚くような反響を得ることができました。感性マーケティングの手法を人材採用戦略に組み込むことで、あなたが来てほしい人材に選んでもらえる可能性が広がったのです。

では、感性マーケティングについて説明しましょう。

「FUVSの法則」とは、F・U・V・Sの4つのキーワードに該当するメッセージを伝えていくことで、あなたが来てほしい人材に共感していただき、その人に選んでもらいやすくするという考え方です。

【感性マーケティング「FUVSの法則」】

F＝Family　個人的な体験、家族のことなど

U＝Unusually　非日常的な出来事など

V＝Vital　仕事やプライベートで頑張っている姿など

S＝Smile　日頃のちょっとした楽しい出来事など

具体的に4つのキーワードで、どういったメッセージや情報を伝えればいいのでしょうか？　もう少し詳しく解説しましょう。

F：ファミリーとは、あなたの家族、生い立ち、故郷や地元の話などです。過去から現在までのあなたのヒストリーです。

U：アンユージュアリーとは「非日常」になりますが、具体的には失敗談やいつもと違う出来事、特別な体験、幼い頃の印象に残った出来事です。

V：バイタルとは、あなたが一生懸命に頑張ったことや、努力してきたことです。たとえば、学生時代に運動クラブで頑張っていたことや情熱を傾けている趣味、仕事で頑張っている体験などです。

S：スマイルとは、日頃のちょっとした楽しい出来事です。たとえば、「子どもがヨチヨチ歩きを始めました」というようなエピソードや体験です。

なぜこの4つのキーワードが人の共感を呼ぶのか、それは**「誰にも経験のある出来事」**だからです。

たとえば、家族のことというのは、誰もが持っている体験です。幼い頃の家族との思い出、補助輪を外して初めて自転車に乗ったことや海や山へ出かけたこと、兄弟でケンカしたことなど……。このような体験は誰にでもあり、他人と共有しやすいものです。

失敗談というのも、相手の気持ちを和ませて、親しくなれる話題の1つです。

私がスマートフォンを落としてしまい、画面のガラスが割れてしまったことをSNSに投稿したところ誕生日以上にアクセスがあり、「東京の丸善の2階にショップがありますよ」とか、「オフィスの近く大阪南森町なら○○ですよ」といったコメントを多数いただきました。このような失敗談を共有することで人との距離感がぐっと縮まっていくのです。

このように、あなたの仕事に対する世界観や一緒に仕事をしている人たちの価値観を「FUVSの法則」で伝えていくのです。あなたが来てほしい、ご近所にいる人材に共感していただき、あなたの会社が選ばれるためにです。

感性マーケティングの「FUVSの法則」を具体的な形にしたのが、これからご紹介する採用のストーリーチラシです。

「FUVSの法則」はブログやSNS、定期通信などさまざまな媒体で活用できますが、「ご近所人材」の採用に最も効果的だと考えている媒体がチラシです。

ストーリーチラシを活用した採用方法は、これまでになかったご近所人材を発掘する最もパフォーマンスの高いやり方なのです。

事例

地域を絞って、働ける人へのメッセージ。これまでゼロだった募集が3回のチラシで23名の問い合わせに

「とってもいい人が来てくれています!!」

採用担当者の方からお礼メールが届きました。

セントケア静岡株式会社は新拠点として、静岡県浜松市に看護小規模多機能の介護施設を立ち上げました。ハローワークをはじめ求人報雑誌や新聞広告などさまざまな媒体にヘルパー資格者や介護福祉士などの求人募集を掲載していました。

しかし、まったく応募がありませんでした。

ちなみに、全産業の有効求人倍率は1・63％（平成30年12月現在）に対して、介護分野の有効求人倍率は地域ごとに大きな差異があり、全国1位は東京で5・40％　2位の愛知県で5・30％　静岡県は7位で3・81％ありました。静岡県の有効求人倍率は全国でも高い水準にありました。

また浜松市は、ヤマハをはじめバイク、自動車工場や精密機械部品などを製造加工する

町工場が多数あり、期間工をはじめ、アルバイトや正社員の求人募集は競争率が高く、時給や月給もほかのエリアよりも高い金額で推移している地域です。

当時、自動車工場は期間工のアルバイトを、介護職の2倍から3倍も高い給料で募集をしていました。介護施設の採用担当者は、「うちは他社と比べて時給が高いわけでもなく、また、これといった特徴があるわけでもありません」と、採用難の高い壁に対して、どのように手を打てば乗り越えられるのか、活路が見いだせずにいました。

「時給を全面に出せば、他社と比べて2倍近い給料の格差がある」

これでは勝負になりません。従来の採用のやり方だけでは人材を確保することが難しい状況でした。

現状を打破するのには、戦略原則が何より大事です。

人材採用といえども、戦略的な取り組みが求められる時代になっているのです。

戦略原則は、いくつもの方法がある中で、「万能戦略」とも言えるランチェスター法則が最も効果性が高いと判断しました。

では、競争条件が不利な会社が業績を良くする方法から考えていきましょう。

弱者は強い会社と違ったやり方で差別化しなければなりません。最初に、差別化すべき対象は、客層や商品、地域（エリア）などお客様をつくる時に直接関係する目標の定め方になります。客層、商品、地域で目標は1位になることです。

限られた経営資源で1位をつくるには、小さな特定分野に目標を定めることが良い考え方になります。

次に差別化すべき対象は、新しいお客様をつくり出す営業方法になります。新しいお客様のつくり方はカタチがないので見落としやすいですが、別の業種で業績が良い会社のやり方を研究すればヒントをつかむことができます。

以上のことから、弱者の差別化採用戦略で3つ目標を定めて1位を目指すことから始めていきました。

●客層戦略＝求める理想の人材像

●商品戦略＝求める技術・能力・人柄

●エリア戦略＝求める人材の暮らしている地域

求める理想の人材像の決定です。

「来てほしい人材を具体的にイメージする」ことが極めて重要です。「自分たちがどんな人と一緒に働きたいのか」を、現在、職場で働いているスタッフの中に、求めるイメージに最も近い人をモデルにして考えていくのです。

▼

セントケア静岡の職場の方々にヒアリングをすると、「田中明美さん（仮名）」の名前が挙がりました。

彼女は家事と子育てを両立させ、キャリアを重ねてマネージャーになり、現在は施設の責任者として働いています。とても明るくて、向上心のある人で施設でも人気の高いスタッフでした。

そこで、この田中明美さんを「来てほしい理想の人材像」と決めました。

次に、求める技術・技能・人柄の決定です。

ヘルパー2級の資格を取得している方で現場経験があり、協調性やチームのコミュニケーションを大切にしてくれる人を対象とすることにしました。

最後に、求める人材の暮らしている地域、募集するエリアの決定です。

スタッフの方に集まっていただき、短時間のパートやフルタイムで働いている方々の居住地をヒアリングして地図に記してみました。すると、ある一定のエリアに集中していることがわかりました。

それは、施設近隣の学校区エリアでした。

田中明美さんは子育てしながらヘルパー2級の資格を取得していることから、施設から近い幼稚園や小学校のある地域を重点地域と定めて、3つの町で求人募集を行うことにしました。


以下の調査結果は小さな会社の採用戦略に役立つ情報だと思いますので、参考までに介護職員が職場を選択した理由を調査したデータを記載しておきます。

【介護職員が職場を選択した理由】

1位　通勤が便利　41・4％

2位　やりたい職種・仕事の内容　39・1％
3位　労働時間・休日・勤務態勢が希望に沿う　31・5％
4位　能力や資格が活かせる　31・3％
5位　正規社員として働ける（可能性がある）　31・3％
【資料出所】㈶社会福祉振興・試験センター「平成27年度社会福祉士・介護福祉士就労状況調査」

次に差別化すべき対象は、新しい人材募集のやり方です。

セントケア静岡では、地域の求人情報雑誌や求人サイトなど募集ツールとして活用していました。

しかし、これらの媒体には表現に制限があり、「仕事・資格・時間・待遇・休日・勤務地・応募」など記載項目が限られています。他社と差別化するには不自由さを感じていました。

そこで、手紙ふうの手書きのチラシを使い、人材を募集してはどうかと考えました。

子育て中の方を対象に絞り、なじみの良いものはないか考えると、幼稚園や保育園の運動会や遠足などでいただく資料に似せたものであれば親和性が高いだろうと判断しました。

そこで、クレパスで書いた手紙のチラシを考案しました。

実は、このクレパス調のチラシは京都府京田辺市の木村工務店の社長が考案したものです。完成した家の見学会で子育て世代の集客に成功している取り組みを真似て、応用することにしました。

あなたも他業種で成功している集客のやり方を真似るのは革新になりますから、研究してみると良いでしょう。

チラシは、新聞折り込みチラシと直接ポストに投函するポスティング、どちらかを選ぶことになりました。新聞の購読者数は14年連続減少しており、特に30代から40代は電子版の影響もあるのか、読者数の減少が著しいのが現状です。

以上のことから、ポスティングでクレパス調の手書きチラシを採用することにしました。

チラシは共感マーケティングの「ＦＵＶＳの法則」を使い、３回連続のストーリーをつくり配布することにしました。

第１回目のストーリーチラシができました（次ページ）。

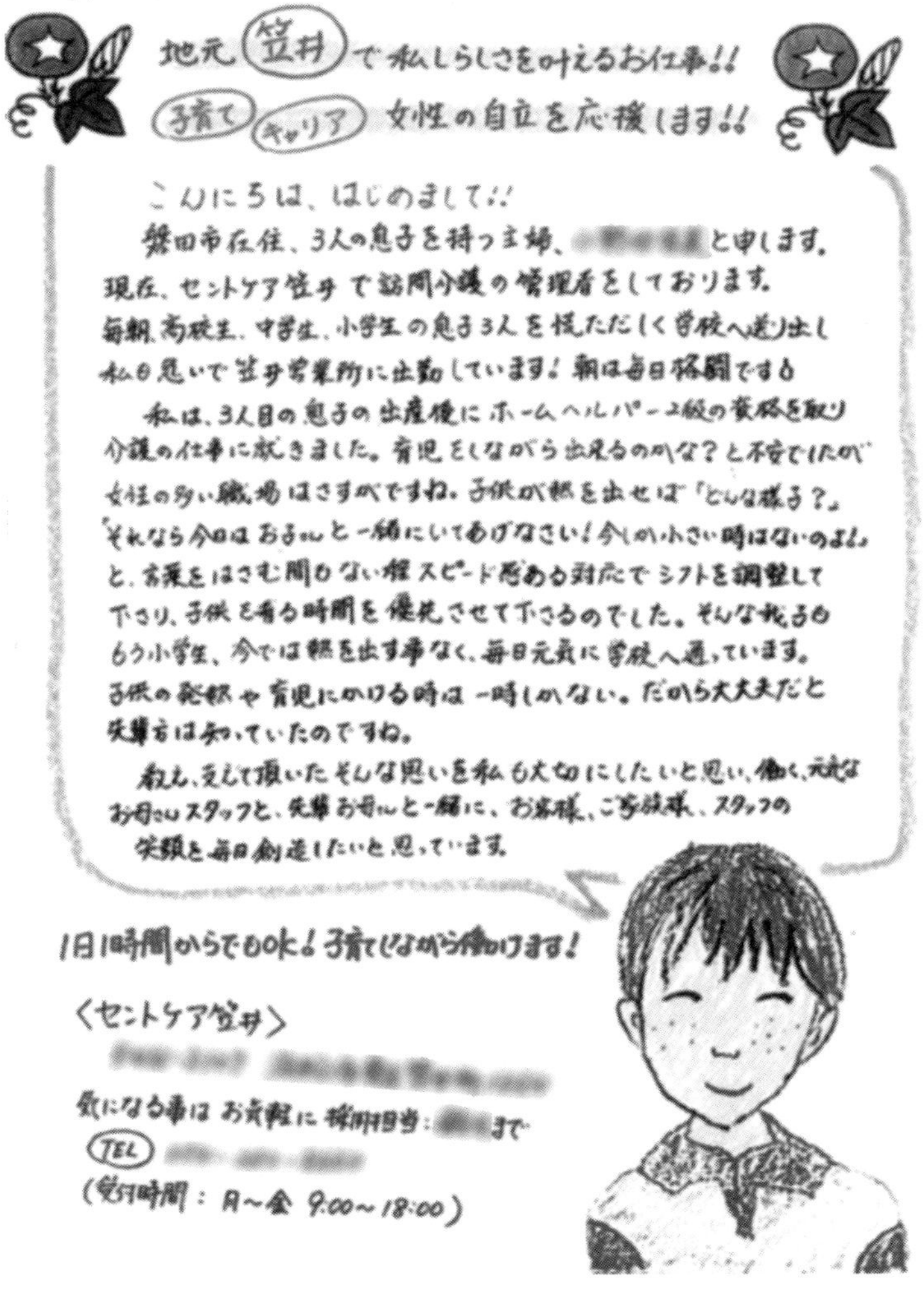
地元 笠井 で私らしさを叶えるお仕事!!
子育て キャリア 女性の自立を応援します!!
こんにちは、はじめまして!!
磐田市在住、3人の息子を持つ主婦、[redacted]と申します。
現在、セントケア笠井で訪問介護の管理者をしております。
毎朝、高校生、中学生、小学生の息子3人を慌ただしく学校へ送り出し
私も急いで笠井営業所に出勤しています! 朝は毎日格闘です。
私は、3人目の息子の出産後にホームヘルパー2級の資格を取り
介護の仕事に就きました。育児をしながら出来るのかな?と不安でしたが
女性の多い職場はさすがですね。子供が熱を出せば「どんな様子?」
「それなら今日はお子さんと一緒にいてあげなさい! 今しか小さい時はないのよ」
と、言葉をはさむ間もない程スピード感ある対応でシフトを調整して
下さり、子供を看る時間を優先させて下さるのでした。そんな我が子も
もう小学生、今では熱を出す事なく、毎日元気に学校へ通っています。
子供の発熱や育児にかける時は一時しかない。だから大丈夫だと
先輩方は知っていたのですね。
教え、支えて頂いたそんな思いを私も大切にしたいと思い、働く、元気な
お母さんスタッフと、先輩お母さんと一緒に、お客様、ご家族様、スタッフの
笑顔を毎日創造したいと思っています。
1日1時間からでもOK! 子育てしながら働けます!
〈セントケア笠井〉
[redacted]
気になる事はお気軽に採用担当:[redacted]まで
TEL [redacted]
(受付時間:月~金 9:00~18:00)

Family（ファミリー）　家族・生い立ち・故郷・地元
Unusually（アンユージュアリー）　特別な体験、失敗談
Vital（バイタル）　一生懸命にがんばっていること
Smile（スマイル）　日常の楽しかった話

誰もが体験のあるテーマです。

チラシのポスティングは施設近隣の学校区8000世帯に決めました。ストーリー募集チラシの制作は採用担当者の小長谷さんにお願いしました（当時彼女は子育てママでした）。

1回目は田中明美さんの「自己紹介」と「F（ファミリー）」と「選ばれる理由」をテーマにしました。

●3人の息子を持つ主婦
●出産したあと、ホームヘルパー2級の資格をとった
●職場の勤務態勢は子ども優先
●職場の人間関係の良さ

求人情報雑誌には書けない、「働きやすさ」や「やりがい」を中心に、共感を得られるようなストーリーにしました。

2回目のストーリーチラシは、F（ファミリー）とV（バイタル＝一生懸命に頑張っていること）をテーマにしました（次ページ）。

●3人の息子のこと
●子どもの習い事や送迎について
●先生のお手伝いにスケジューリング
●頑張るお母さん

をイメージしてつくってもらいました。

習い事への関わりが増えたこと。自分のことのように活動している様子が良くわかります。毎日がとてもアクティブですね。

地元（笠井）で私らしさを叶えるお仕事!!
（子育て）（キャリア）女性の自立を応援します!!

こんにちは、2度目のご挨拶になります。磐田市在住、3人の息子を持つ主婦、[redacted]です。

夏も本番!! 我家では、3人の息子が夏休みに入り、平常時よりもさらに家の中は慌ただしさが増しています。子供は夏でも元気いっぱい!! 仕事から帰って見渡す家の中は、嵐が去った様子はなし…。うーん…。

私は、学生の頃からスポーツや趣味に「これ」という物がなく、とりたてて何かに集中して取り組んだという経験がありませんでした。そんな私が大人になって一生懸命になった事が、子供の習い事への関わりでした。送迎から先生のお手伝いに準備、次回のスケジューリングと主人に「誰の習い事だかわからないなぁ」と言われる程です…☺。子供が頑張って行っている事を応援したいと思っているだけなのですが、「母親」の力はすごいなーっと、子供を持ってみて初めてわかりました。きっと私もそんな両親の愛に支えられて、大きくなったのですね。

一日一時間！週一日からでも大丈夫！
子育てしながらチャレンジしませんか？

＜セントケア笠井＞
[redacted]
気になる事はお気軽に採用担当：[redacted]まで
（TEL）[redacted]
（受付時間：月～金 9:00～18:00）

最後の3回目のストーリーチラシは、採用の告知です（次ページ）。

田中明美さんの体験から「子育て」「キャリア」「女性の自立を応援する会社であること」をストーリーで描きました。

さらに、過去のチラシで得たお客様の声を活用しました。

●「私にも何かできるかな」と思い連絡をしました

●「資格がないけど大丈夫かしら？」

田中明美さんの体験や生き方に共感していただいている方々に呼びかけるよう、ストーリーが書かれています。

最後は「えいや！」と飛び込んできてほしいという気持ちを持って説明会に参加してもらいたいという願いを感じますね。

採用募集の結果は、1回目のチラシを見て「私にも何かできるかなぁと思って連絡させていただきました」と4名の方から連絡がありました。そのほか、「絵が柔らかくていいですね」とか「職場が楽しそう」と言った声もいただきました。

地元（笠井）で私らしさを叶えるお仕事!!

（子育て）（キャリア）女性の自立を応援します!!

会社説明会開催
時間：18:00〜20:30

こんにちは、3度目のご挨拶になります。[illegible]市在住、3人の息子を持つ主婦、[illegible]です。

前回のご挨拶の後すぐに「ちらしを見て、私にも何か出来る事がないかと思い電話をしました。」という方達からお電話を頂きました。私の体験をお読み頂き共感をして下さったとのお声、とても嬉しく、心が温かくなりました。ありがとうございます。

中には「資格を持っていないんだけど…」と言われる方もいらっしゃいましたが、資格が無くても働ける施設サービスのご案内と、ヘルパー2級の養成講座のご案内をさせて頂く事が出来ました。私は今回のお電話を通し、介護の世界に興味を持って頂いた事、まずはお声をかけて頂いた事にとても感謝をしています。

私も介護の世界に足を踏み込む時は、とても勇気が必要だった事を思い出しました。「どうかな」とかけた先の方がとても丁寧に説明をして下さり、やってみようと決められました。介護の仕事は、相手の事を常に意識をして考え、共感する事が毎日の仕事です。お電話に出て下さった方は、きっと不安な私の気持ちに共感して下さったのですね。

そんな出だしで始まった私の介護サービスですが、お客様から「ありがとう」とお言葉を頂く度に、「お客様に共感し、安心して頂けたかしら？」とやりがいを感じながら過ごしています。短時間パートのつもりがフルタイムに正社員、そして今では管理者をさせて頂いています。やりがいをお客様から頂きながら成長出来るなんて幸せだなぁと感じています。

〈セントケア笠井〉

[illegible]

TEL [illegible]

（受付時間：月〜金 9:00〜18:00）

お気軽に 担当：[illegible]まで

2回目のチラシには、2名の方からお問い合わせをいただきました。どちらの方も働きやすそうな職場だという印象を持ってくれたようでした。

3回目のチラシを見て、会社説明会にはヘルパー2級の資格を持った方だけではなく、看護師の方を含め10数名の方が参加してくれました。

結果、この3回のチラシで23名の問い合わせがあり、計画していた人材を採用することができたのです。

笠井という地域は競争が激しく、あらゆる人材募集を行いましたが、とても問い合わせの少ないエリアでした。ですから、働いてほしい人材にぴったりの人からの問い合わせや応募に採用担当者もびっくりしていました。

しばらくして、採用担当者の方から私に連絡がありました。

「チラシを見て採用した方は定着率が高く、やる気を持って現場で働いてくれている」

人材採用に手応えを感じているようでした。

【事例企業】
セントケア・ホールディング株式会社：東京本社　515カ所（2019年3月末日現在）
従業員数　正社員：3354名　契約社員：6569名（2019年3月末日現在）
主な事業：訪問介護サービス、訪問入浴サービス、居宅介護支援サービス、訪問看護サービス、福祉機器／介護用品販売など。

事例　高度な技術者を求めて、小さなエリアに8000枚のポスティングで、大卒エンジニアを獲得した金属加工業

製造業界は94％以上の企業で人手不足が顕在化しています。その中でも32％の企業は、「ビジネスにも影響が出ている」と回答しています。人材採用に課題のある企業は、「技能人材の不足」が突出しています。中小企業ほど「技能人材」の確保に苦労しているのが現状です（2018年12月　経済産業省製造産業局調査より）。

また、製造業では「下請けいじめ」の是正と勧告されるほど、大企業が中小企業に製造を委託する取引では、立場の弱い中小が過剰にコストダウンを押しつけられたりしていることが少なくありません。

この業態は、親会社の業績の善し悪しで下請け会社の業績は大きく影響を受けます。製造業で受託生産体質の会社では、好不況の影響を受けやすく、受注のある時と受注がない時の差が大きく、経営に安定力がないことも事実なのです。

- ●海外企業との価格競争
- ●土地・人件費の高騰
- ●構造不況
- ●デフレ
- ●景気の停滞

はたして、若く将来有望な人材が、不安材料で積み上げられた業界の扉を叩《たた》くでしょうか？

私は有望な人材が町工場に来ないのではなく、能力のある有望な人材が来るような会社づくりをしていないことに大きな原因があると考えています。

これから紹介する永田製作所の取り組みは、小さな町工場にとても参考となる良い事例です。

株式会社永田製作所は1958年に設立しました。従業員数は32名（2019年8月現在）。東大阪の近畿大学に隣接する住宅街の中に本社工場があります。鉄の丸棒を切削《せっさく》する金属加工業を営み、古くからミシンやATM機、コピー機の部品を製造加工している下請け町工場です。創業当時は高度成長期で、1964年の東京オリンピックに始まり、営業しなくても仕事がやってきた時代でした。

成長を期待していた市場はバブル崩壊で一気に縮小しました。さらに追い打ちをかけるようにリーマンショックの影響で、製造業には不況の嵐が直撃しました。もちろん永田製作所も例外ではなく、2012年2月、景気がどん底で経営存続の危機にさらされました。

●受注は激減
●売上前年比50％ダウン
●同業との価格競争
●従業員を数名解雇

「もう廃業を覚悟しなければならない」と永田弘社長（当時は専務）は考えました。

そんな時、銀行が主催する研修で私と出会い、彼は経営戦略を学ぶことになりました。

社長が経営に無知なほどリスキーなことはありません。

永田さんは、ランチェスター弱者の差別化戦略を学び、事業を得意分野に絞り込むことにしました。

まず、取引先を取材して「なぜ当社が選ばれているのか？」を徹底分析することから始めました。前社長は、ひたすらコストカットを意識していましたが、「取引先のお客様は、自社のどんなところを評価していたのだろうか？」と、１つずつ探していきました。

ある取引先を取材してみると、「あなたのところは納期に遅れず、むしろ早いくらいだから安心して任せられる」という答えが返ってきました。

永田製作所のさまざまな事業

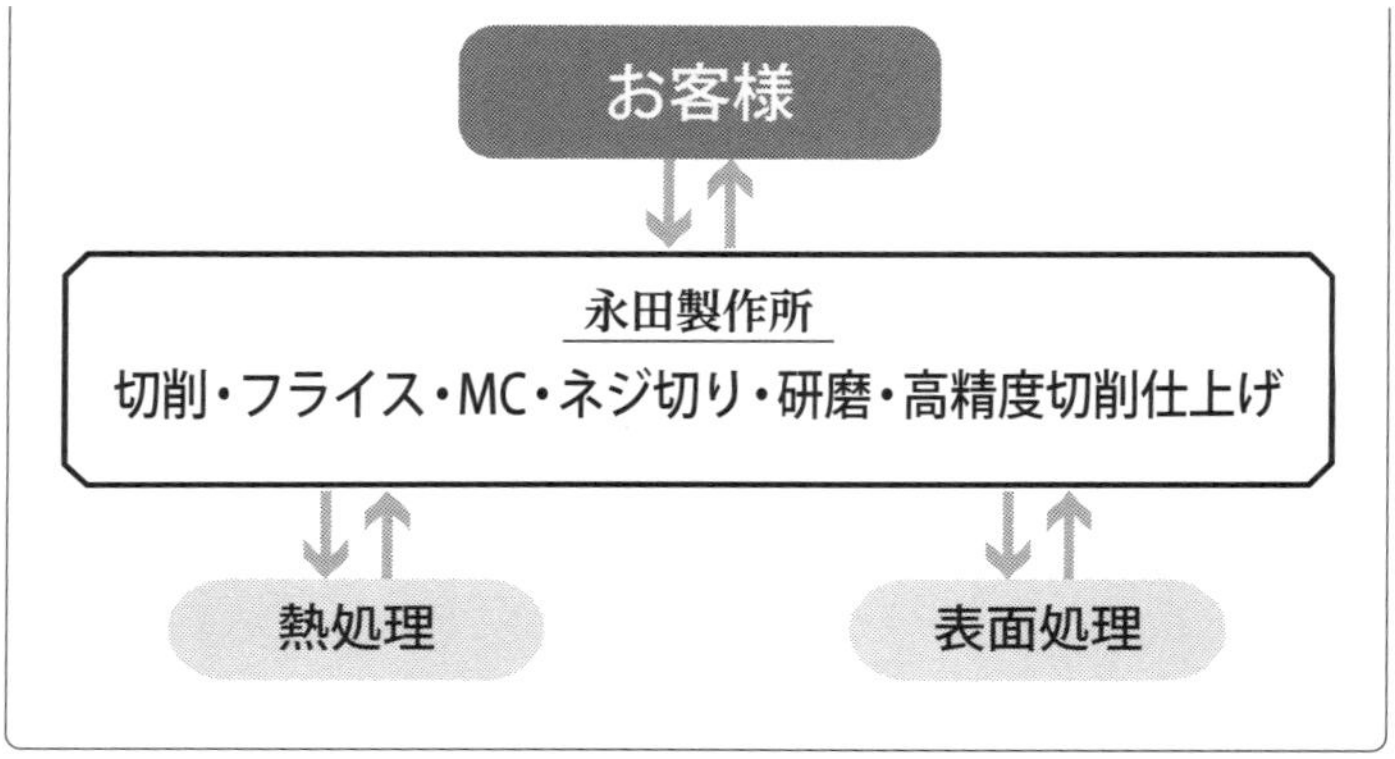

永田製作所では、材料から切削加工で金属部品を削り出し、熱処理後に仕上げの研磨加工を施し、納品するまでの一連の作業工程をすべて一元管理しています（熱処理加工と表面処理加工以外）。

そのため、工程は納期回答をした当初の想定から大きく外れることがなく、納期管理が徹底されていました。

資材担当者からすれば、永田製作所に発注することで「万が一、問題が生じても、それがどの工程で発生したのかということについて、原因究明と改善のための品質管理が担保されている」ということになるのでしょう。

ほかの取引先をインタビューしてわかったことを含めて、まとめてみました。

「弱者の戦略」で自社の強みを見つける

●自社に製造設備を一貫して持っている
●納期が早い、確実な回答が得られる
●外注に出さないので、品質管理が容易
●技術的な打合せが、営業マンとできる
●ミシン部品で培った熱処理後の仕上げノウハウがある
●円筒研磨ではなく、切削仕上げに驚いた

「これだ！」永田社長は、「一元管理による熱処理工程が必要な精密金属加工」に絞り込めば高い収益性が期待できるかもしれない。ここが自社の強みだ！　と位置づけました。

「熱処理工程のある精密金属加工の分野に関する全工程を受託することで、競争相手と比べて、お客様により大幅なコストダウンと製造日数の短縮

「弱者の戦略」から商品を決める

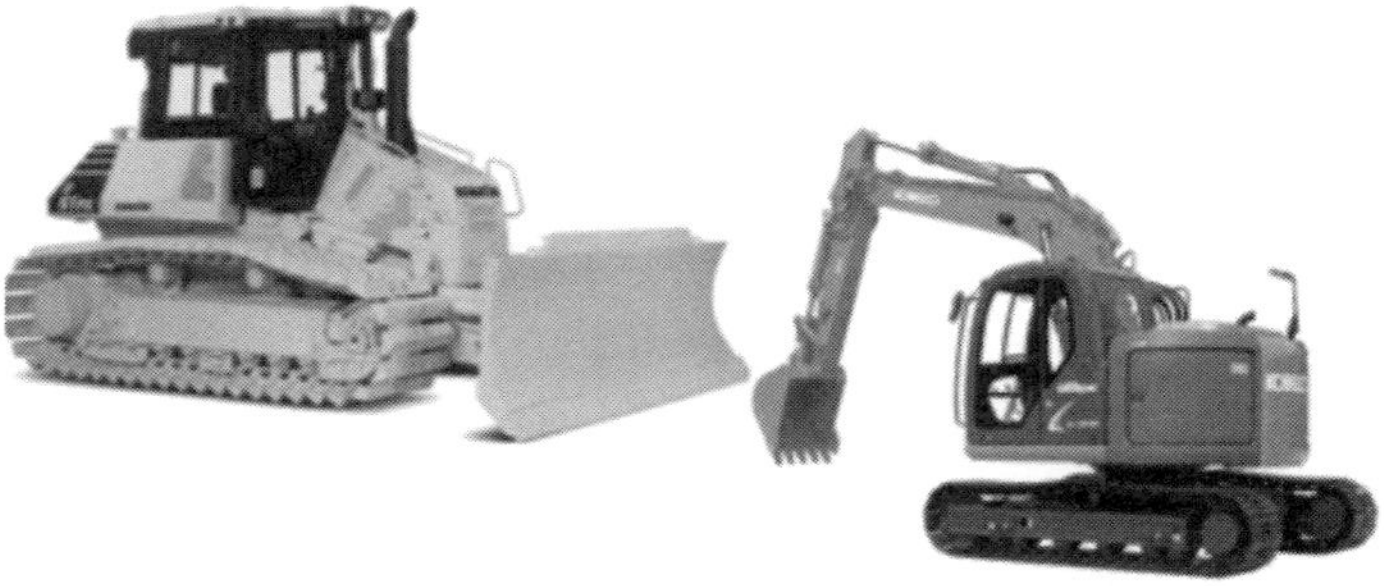

建築・油圧・ポンプ部品に的を絞る

を提供することができる。また私たちにとっては高い収益が確保できる」と、資源をこの分野に集中することにしました。

熱処理工程のある最終製品は、建築機材や油圧ポンプ系だとわかりました。そこで永田製作所は弱者の戦略を構築しました。

客層：油圧ポンプメーカー
商品：熱処理工程のある精密部品加工
地域：関西エリア

次に営業プロセスを完成させました。

一連の営業プロセスに基づく綿密な行動計画をつくりました（次ページ）。

営業・販売のプロセス

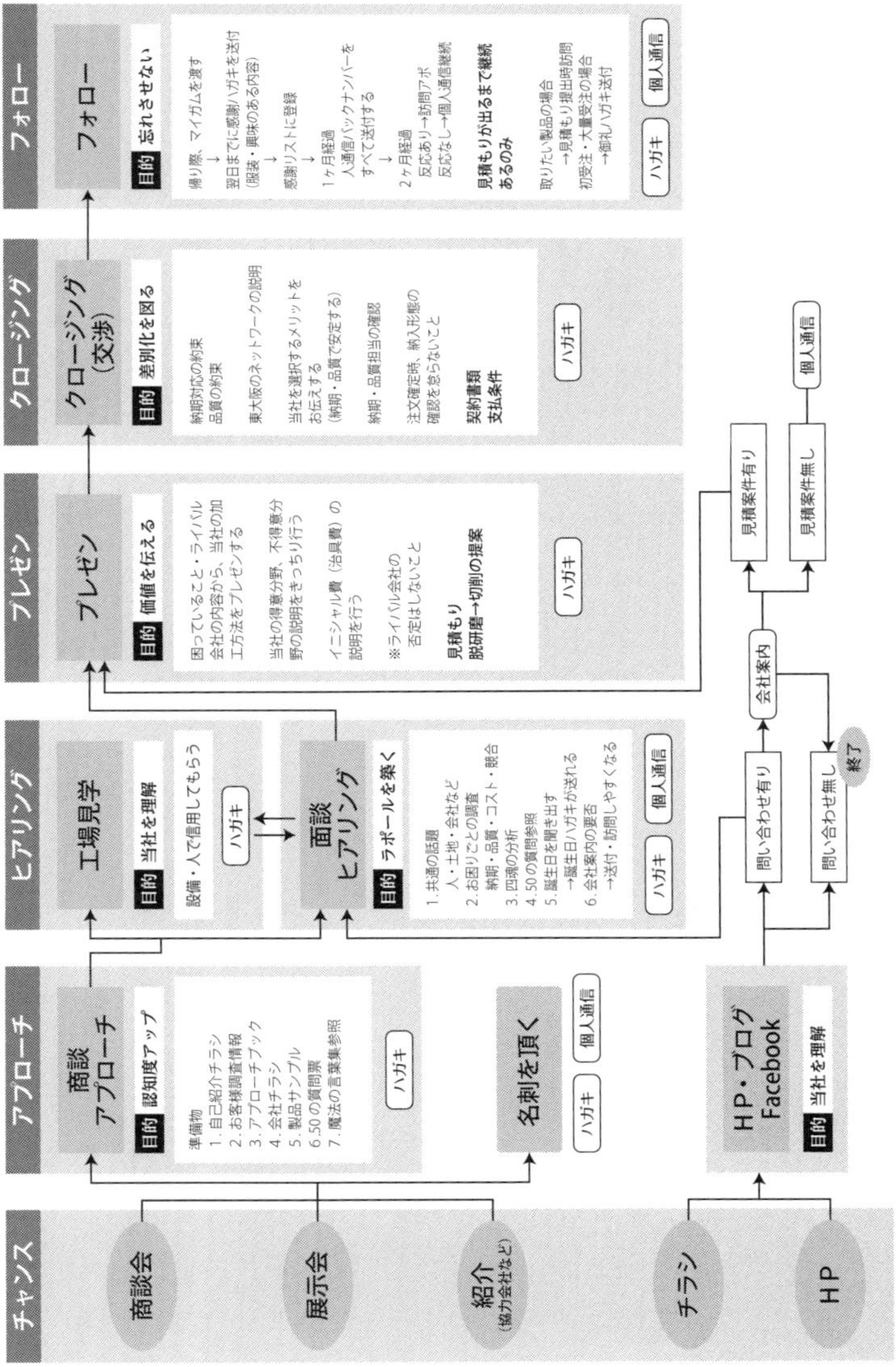
チャンス
商談会
展示会
紹介
（協力会社など）
チラシ
HP
アプローチ
商談
アプローチ
目的 認知度アップ
準備物
1．自己紹介チラシ
2．お客様調査情報
3．アプローチブック
4．会社チラシ
5．製品サンプル
6．50の質問票
7．魔法の言葉集参照
ハガキ
名刺を頂く
ハガキ
個人通信
HP・ブログ
Facebook
目的 当社を理解
ヒアリング
工場見学
目的 当社を理解
設備・人で信用してもらう
ハガキ
面談
ヒアリング
目的 ラポールを築く
1．共通の話題
人・土地・会社など
2．お困りごとの調査
納期・品質・コスト・競合
3．四魂の分析
4．50の質問参照
5．誕生日を聞き出す
→誕生日ハガキが送れる
6．会社案内の要否
→送付・訪問しやすくなる
ハガキ
個人通信
問い合わせ有り
問い合わせ無し
終了
会社案内
見積案件有り
見積案件無し
個人通信
プレゼン
プレゼン
目的 価値を伝える
困っていること・ライバル会社の内容から、当社の加工方法をプレゼンする
当社の得意分野、不得意分野の説明をきっちり行う
イニシャル費（治具費）の説明を行う
※ライバル会社の
否定はしないこと
見積もり
脱研磨→切削の提案
ハガキ
クロージング
クロージング
（交渉）
目的 差別化を図る
納期対応の約束
品質の約束
東大阪のネットワークの説明
当社を選択するメリットを
お伝えする
（納期・品質で安定する）
納期・品質担当の確認
注文確定時、納入形態の
確認を怠らないこと
契約書類
支払条件
ハガキ
フォロー
フォロー
目的 忘れさせない
帰り際、マイガムを渡す
↓
翌日までに感謝ハガキを送付
（服装・興味のある内容）
↓
感謝リストに登録
↓
1ヶ月経過
人通信バックナンバーを
すべて送付する
↓
2ヶ月経過
反応あり→訪問アポ
反応なし→個人通信継続
見積もりが出るまで継続
あるのみ
取りたい製品の場合
→見積もり提出時訪問
初受注・大量受注の場合
→御礼ハガキ送付
ハガキ
個人通信

見込み客を見つけるために取り組んだことは、ウェブサイトで調べ、加工会社やメーカーをリストアップし、片っ端から飛び込みで営業を試みましたが、結果は惨敗。

そこで主なチャンスの場として選んだのは、各自治体などで行われている産業展示会でした。アピールポイントとして、熱処理工程のある精密金属加工専門！　としました。熱処理工程のある生産管理の精度の高さを掲げ、外注先から、工程でサバを読まれているお客様の「サバを斬り、納期短縮を実現する」を訴求しました。永田さん自らもサバの着ぐるみをかぶって目を引くようにしました。

直接面談できたお客様には、自分の顔写真が印刷してあるガムを帰り際に手渡すなど、関西人らしい愛嬌《あいきょう》を振りまくことも忘れませんでした。

アプローチの取り組みは、展示会で名刺交換をしたお客様には、永田さん個人の近況やパーソナリティを記載したニュースレターを定期的に郵送し、自社のホームページやフェイスブックに誘導する努力を続けました。

こうした取り組みを続けて2カ月が経過した頃、少しずつ目に見える変化が現れ始めました。ニュースレターを送り続けていた人たちから、見積りや工場見学などの依頼が1人、

2人……と舞い込むようになってきたのです。

工場見学に来てもらえれば、アピールポイントである自社の生産態勢を理解してもらうことができ、受注に結びつけやすい……。

サバのかぶり物でお客様に訴求。

ある日突然、アポなしで工場見学に訪れてくれた人は、ニュースレターを毎号読んでくれていて、「まるで長年の友人のような親しみを持って接してくださった」と永田さんは笑顔で言いました。

また、ある人は「熱処理がらみで取引先が加工できない部品があり困っていたのだが、『熱処理？ 永田製作所さんは得意や言うてはったわ！』」と思い出してくれ、電話をくれました。

さらに、別の人からは、フェイスブックに載せていた工場スタッフとの誕生日会や食事会の様子を見て、「仲間を大事にする、ええ会社や！」と、お褒めの言葉をいただきました。

同時に、会社案内用に制作したウェブサイトをリニューアルすることにしました。新規取引先の確保に向けて特定分野で専門性が高いことや、絞り込んだ顧客像の課題解決をウェブサイトに落とし込みました（次ページ）。

これまでまったく反響のなかったリニューアル前のウェブサイトとは違い、新しいウェブサイトには、企業から次々とメールで図面が送られてきました。

見積り案件は、月間50件程度だったものが、月間５００件を超える勢いになりました。やがて気がつくと、月間１０００件もの見積りに追われるほどの受注が次から次へと舞い込んできて、なかには、かなりの数量に上る量産品の見積り依頼もくるようになりました。

ニュースレターで永田さんの人柄を熟知し、安心感を持ってくださったお客様からは、「3年後に新しい工場の立ち上げをするのだが、部品の供給もお願いできますか？」という相談までありました。月間で万単位の生産ロットになる仕事です。

努力の甲斐もあり、永田製作所の業績は見事に回復しました。

下請け町工場ではありますが、世界トップクラスの企業から直接注文を受けるほどの過

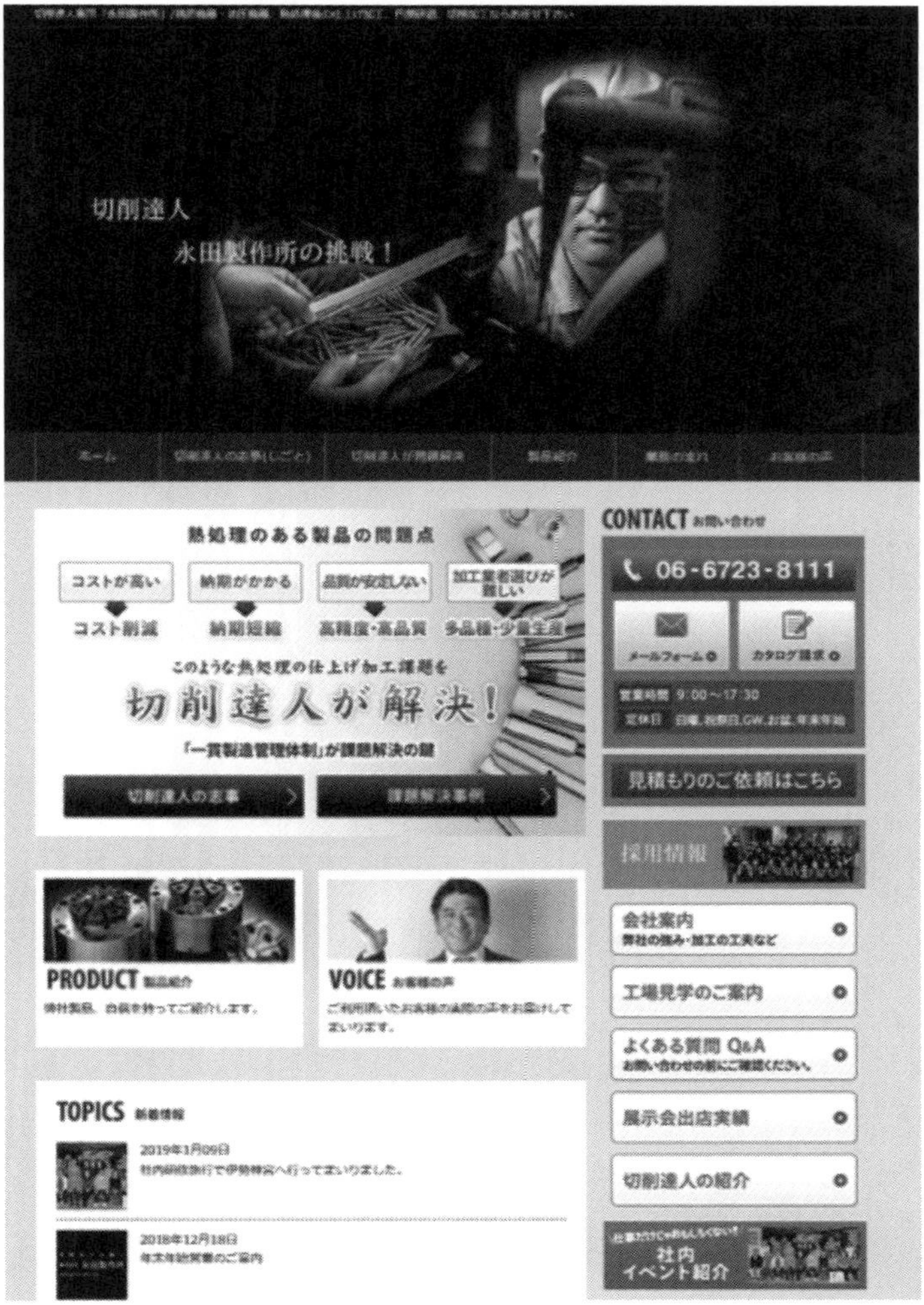
切削達人
永田製作所の挑戦！
熱処理のある製品の問題点
コストが高い
納期がかかる
品質が安定しない
加工業者選びが難しい
コスト削減
納期短縮
高精度・高品質
このような熱処理の仕上げ加工課題を
切削達人が解決！
「一貫製造管理体制」が課題解決の鍵
切削達人の仕事
CONTACT お問い合わせ
06-6723-8111
メールフォーム
カタログ請求
営業時間 9:00～17:30
見積もりのご依頼はこちら
採用情報
会社案内
弊社の強み・加工の工夫など
工場見学のご案内
よくある質問 Q&A
展示会出店実績
切削達人の紹介
PRODUCT 製品紹介
VOICE お客様の声
TOPICS 新着情報
2019年1月09日
2018年12月18日
社内
イベント紹介

去最高の売上げと利益を更新し、事業は成長軌道に乗りました。

そうなると、次の課題は「人材」です。工場は猫の手も借りたいほどに大忙しです。設備投資にも積極的に取り組みました。近隣の工場を借り、最新のマシンを導入して、無人でも稼働できる工場もつくりました。

それでも人材が足りません。

ハローワークや求人情報雑誌など、人材を獲得するためにやれるだけのことはやったけれど、どれもうまくいきませんでした。

そこで、人材採用も戦略的に取り組むことにしました。

●来てほしい理想の人材
●来てほしい人材の能力
●来てほしい人材のエリア

と、ランチェスター法則の3つの特定分野を人材採用に置き換えて、来てほしい人材と採用基準を明確にしました。

- 現在の職場でやりがいがなく、将来に不安を感じている人
- 仕事に誇りを持って働きたいと思っている人
- 永田製作所の取り組みに共感してくれる人
- 家族・夫婦・親子の仲が良い人
- 誕生日会や釣り大会、望年会（忘年会）や社内イベントに積極的に参加してくれる人
- 地域は、自転車で通勤できる範囲の方

そして、過去の経験値からチラシで人材採用を行うことにしました。近隣8000世帯にポスティングをしました。

人材募集チラシで、打ち出したのは将来性です。全国の中小企業から注目され工場見学が絶えないことや金融機関から注目されていることに加え、専門性や技術力の高さです。

地元で働きたいと考えているエンジニアに、事業の取り組みを認知してもらうことができれば、選んでもらえる可能性は高い。勝算はあると判断しました。

東大阪で機械保有・技術力
金属加工のスペシャリスト **No.1** "切削達人"

株式会社 永田製作所 代表取締役 永田弘です。
当社は、金属加工の業界で**No.1**を目指している会社です。
今回、有力な人財を確保したく、募集広告を出させて頂きました。

- 将来を考えて、真剣に仕事に取り組みたいあなた…
- 家族のために バリバリ仕事を したいと考えているあなた…

当社では業務を通じて、手に職がつけられます!!
つまり**切削達人**（金属加工のプロフェッショナル）に必ず育て上げますので
将来も安心して働いていただけます。

その取り組みは、全国の異業種からも注目され工場見学会開催や
金融機関のブログやコラムなどにも掲載されています。
当社は小さな会社ながら、大手の企業との直接取引なので日常の生活で
実際に当社で削った製品を目にする機会が多々あり、"やりがい"も実感できます!!

← 全国の展示会に積極的に出展

異業種工場見学会 →

その他
- 釣り大会
- お誕生日会（毎月）
- 忘年会 etc.

社内イベント盛りだくさん♪

← 地元の中学生社会科見学

当社の切削達人 →

仕事内容
- NC自動旋盤オペレータ
（プログラムを作成して機械を動作し製品を作って頂きます）
未経験可
- 経理事務
（会計ソフトへの入力／小口現金管理／電話対応など）

＊時間 8:00～16:45
条件 家族と仲がよいこと／家族の理解を得ていること

お問い合わせは…
株式会社 永田製作所 （永田まで）
東大阪市東上小阪2-13
TEL 06-6723-8111

共に未来を!!

仕事内容をもっと詳しく知りたい方はHPをチェック!!

切削達人 検索

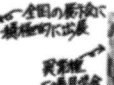

近隣への8000枚のチラシは、ポスティングで3回行いました。

その結果、7名の応募があり、大卒エンジニアを1名採用しました。大卒エンジニアの方は、なんと本当に近所で、自転車で会社に通勤しています。


会社の目的は「人を幸せにする」ことです。経営者は、働く人やその家族や関係する方々、地域も含め、みなをより良くするため経営力を養わなければなりません。

物心両面でのより豊かさを得るために人は働いているのです。

そのため、経営の目的は「お客様をつくる」こととなります。


つまり、この永田製作所の取り組みは中小企業本来のビジネスを成功へ導くことであって、人材を採用することが目的ではありません。

無名の小さな会社が人材採用に成功するためには、ランチェスター差別化戦略で利益性の高い経営基盤をつくることが何より最優先です。

あなたの仕事は、働く人たちのために将来が可能性に満ちた職場をつくることなのです。

事例　店のシャッターを看板代わりに、店主の趣味を書きまくって人材を確保した焼き鳥店

「彩鳥屋　てっちゃん」のオーナー早崎哲生さんは大阪の東岸和田で焼き鳥店を営み12年を迎えました。年々、増床増益でとても元気な飲食店です。

早崎さんは人材採用について次にように語りました。

「求人について常に考えていることは、地域にもよりますが、飲食業界は人手不足だとは考えていないことです。大型店と違い、1回の採用は数人程度です。もし人が集まらない場合は、やり方が悪いのではないかと自分を疑っています。そしてもう1つは、『求人を人任せにしない』ということでしょうか。ボクの店の求人はネット掲載やハローワークなどの媒体にいっさい載せていません。『貼り紙の募集』のみに絞っています。集客は頑張っているお店もなぜか、求人は人任せにしているところが多いように思います。いろいろと試している中で、小さなお店は集客も採用も似ているなぁと思うことが多いです」

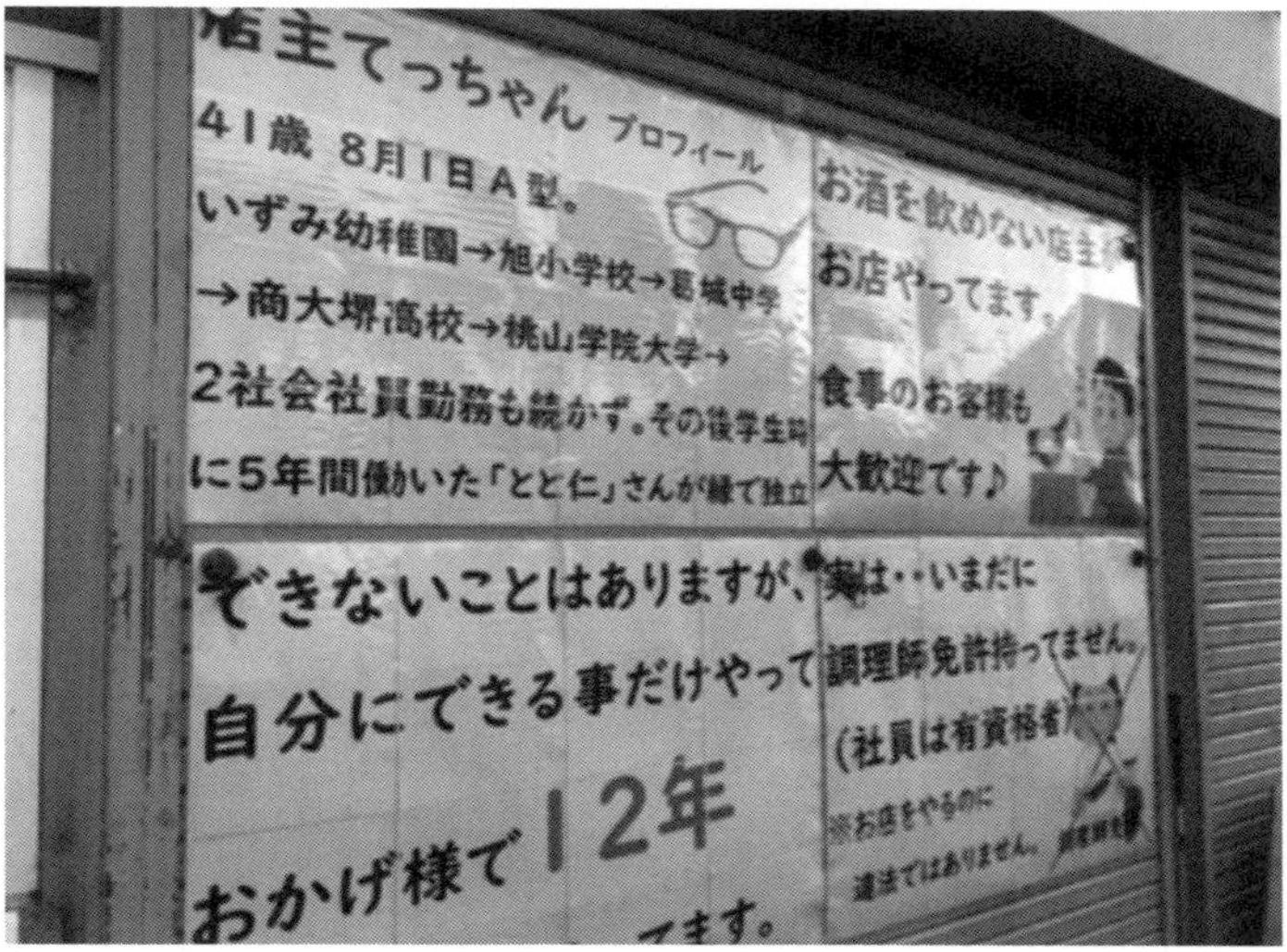

では、さっそく同店の取り組みを紹介しましょう。

店頭にはこんな貼り紙がしてありました。

これは、日本一デカい「プロフィール」です。

店主はてっちゃん　41歳　8月1日生まれ　血液型はA型

いずみ幼稚園↓旭小学校↓葛城中学↓商大堺高校↓桃山学院大学↓社員勤務も続かず。その後、学生時代に5年間働いた「とと仁」さんがご縁で独立。

お酒を飲めない店主がお店やってます。

なぜこんなに馬鹿デカい貼り紙をする必要があるのでしょうか？

それは顧客インタビューから情報を分析した結果、集客方法は、これが最適だろうと考え始めたのがきっかけです。

創業3年目の頃です。店主は、ランチェスター弱者必勝の戦略を、私が主宰する「あきない実践道場」で学び、顧客の現状調査をするためインタビューを実施しました。

経営をより良くするためには、顧客の情報を集めて分析することから始めなければなりません。「お客様が何を考え行動しているのか？」を知るためには、直接お客様にインタビューをするのが一番良い方法なのです。

「アンケートではダメですか？」という方も時にはいますが、直接インタビューをして考えを引き出す方法と比べると、情報が抽象的で曖昧《あいまい》なものや、簡潔に書かれた言葉を深掘りできないこともあるので、私は勧めていません。

さて、お客様インタビューにはルールがあります。

1．まず、どんな人がいいお客様かを決めることが大事

店主の早崎さんは、「いいお客様」を以下のように定義しました。

●私のことを親身になってお世話をしてくれるお客様

●イッキ・イッキと大声で騒ぐことのないお客様
●ご家族で楽しく過ごしてくれるお客様
●お友達を誘って何度も来店してくれるお客様
●私と気の合うお客様

以上の「いいお客様」が来店した時には、「大好きな人、お客様にだけインタビューをさせていただいております。よろしいでしょうか？」と、相手の自尊心を高めるような言葉を添えて情報を集めることにしました。

2. 質問することを決める

ランチェスター法則では、客層の決定、商品の決定、エリアの決定と3大戦略を明確にする必要があります。つまり「いいお客様＝客層の決定」になりますから、質問の回答をもとに、商品の強みと営業エリアの分析をするため情報を集めていきます。

そこで5つの質問内容を考えてインタビューをすることにしました。

●何がきっかけで当店に来ていただけましたか？
●なぜこのお店を選んでくれたのですか？
●一番気に入っている商品は何ですか？
●それはどんなところがいいですか？
●お住まいはどの辺りですか？

以上の質問でインタビューを行い、具体的な情報を集めます。

3.「いいお客様」から集めた情報の共通項を見つける

ここの店は住宅街と岸和田のビジネス街をつなぐ幹線道路に面しており、朝夕のラッシュには多くの車が行き交います。

●前を通りながらずっと気になっていた
●毎回来たいと思っていましたがなかなか入れず
●スタッフもいい人たちでとても気持ちよく食事ができました
●てっちゃんの人柄

などの共通項が挙げられました。

また、「いいお客様」は、近隣の３つの町からの来店が一番多いこともわかりました。

これまでのことから、「いいお客様」は近隣の方で、通勤時に車の中から店を見て、ずっと気になっていたことや入りにくい店だったということがわかったのです。

そこでデカい貼り紙を店頭に掲げ、お客様とコミュニケーションをすれば親近感を持ってもらえると考えました。


実際にやってみると、これが店の前を車で通る運転手やその家族の方に大変好評で、「オレ、同じ卓球部やったんやけど……」と同級生や地元の方が共感し、来客数が増えていきました。

「このやり方はそのまま真似すれば、人材採用に使えるはずだ！」と店主は、人材採用戦略も集客と同じように「スタッフ」をインタビューすることから始めました。

スタッフからインタビューした情報を集めてみると、いくつかの共通項を見つけることができました。

ずっと辞めずに働いてくれる人や気遣いのできる人、人と話すのが好きな人など、いくつかの共通項がありました。その中で一番注目したのは「家族と仲がいい人」でした。親御さんが、アルバイトをしている子どもの様子を見に来て、「うちの子をお願いします」と言って、食事をして帰るようなこともあったと言います。

●親（家庭）
●店
●本人

この3者のコミュニケーションをより良くすることが、採用において何より重要なことだと早崎さんは考えました。

次に、「なぜこの子たちは、うちの店を選んだのか？」の情報を分析しました。すると選ばれている理由が意外なところだったことがわかりました。

「給料が高い」から自分の店を選んだという意見はまったくありませんでした。

「彩鳥屋　てっちゃん」が選ばれている理由の1つは、土日の連勤がないことでした。サービス業は基本的に、お客様の来店ピークは週末になり、売上げを増やすためには人の確保を欠かすことはできません。ですからサービス業では土日連勤が常識化しています。普通、サービス業で働く人は、土日の勤務を休むことは考えられません。しかし、同店では、土曜日・日曜日のどちらかは休めるようにシフトが組まれているのです。週末は「彼氏・彼女とデートする」とか「仲間と旅行へ行く」など、やりたいこともたくさんあるのに、店の都合で無理に仕事をさせると、スタッフの意欲が下がり、仕事が長く続きません。


こうした配慮から土日の連勤がないシフトを組むようになりました。

「この土日の連勤がないことがとても重要で、『働きやすい』と学生さんから選ばれているとわかりました」と店長。


2つ目は、学校のテスト期間を考慮していることでした。

「大学4年生になって単位が足りないから卒業できない」ことになると、決まっていた就職も取り消しになってしまいます。

出席日数に決まりのある授業ならば、欠席が規定数を超えたら確実にアウトです。遊びやアルバイトで欠席制限を超えて単位が足りないことに気づいたところで、もう「あとの祭り」です。

「『バイトばかりして学校がおろそかになっている』という人をこれまで何人も見てきました。そもそも学生の本分は勉強です。ボクの店ではテストや単位、出席日数も考慮してシフトをつくり指導しています。何より、テスト期間を考慮してシフトを組んでいます。実はこうしたシフトの組み方が『安心して子どもを任せられる』と親御さんにも評価されていたことがわかりました」

早崎さんは、学校の単位を確認・アドバイスまでしています。このように、学業を最優先する働き方が「ほかのアルバイト先とは違う」と、これも学生に選ばれている理由の1つでした。

3つ目は、就職活動を支援していることでした。

「働く意義や目的をしっかり伝えることがボクの役割です」と早崎さんは話を続けました。

「ボクらの仕事は料理をつくり、お客様のところへ持っていったり、ドリンクをつくるのが仕事ではありません。来店してもらったお客様に、楽しいと喜んでもらえる空間をつくることが仕事です。家族の大切な時間を喜び、ご満足いただけるように、仲間と語る時間をより楽しく演出できるようにするのがボクたちの役割です。つまりボクたちが、楽しく仕事できるかどうかが、一番大事なんです」

「何のために仕事をしているのか？」、働く意義や目的を面談の時に時間をかけて伝えると言います。また、その考えは親御さんにＬＩＮＥで早崎さんから直接届けています。「お預かりしたお子様はボクが必ず成長させます」と最後に添えて。

この店で働いたことが「就職活動に役に立った」という人の意見もインタビューの回答にたくさんありました。

ここでちょっとまとめてみましょう。

店主は、集客のやり方を学び、お客様インタビューの真似をして人材採用で応用しました。辞めずに長く働いてくれているスタッフの話から人材採用戦略を考えました。

「彩鳥屋　てっちゃん」の人材採用戦略3大戦略

客層：親と仲がいい人
商品：当店が選ばれる理由
●土日の連勤がないこと
●学校のテスト期間を考慮していること
●就職活動を支援していること
エリア：地元で育った人

スタッフへのインタビューから、店の強みがはっきりしました。

求人募集もランチェスター法則を応用して、人材採用に活かせると、さっそくこのような貼り紙を店頭に出しました（次ページ）。

時給は表記しません。

貼り紙の広告には両親に対して大切な子どもを預かる店主の思いが書かれています。

親と子、そして私を含めた3者の関係づくりです。

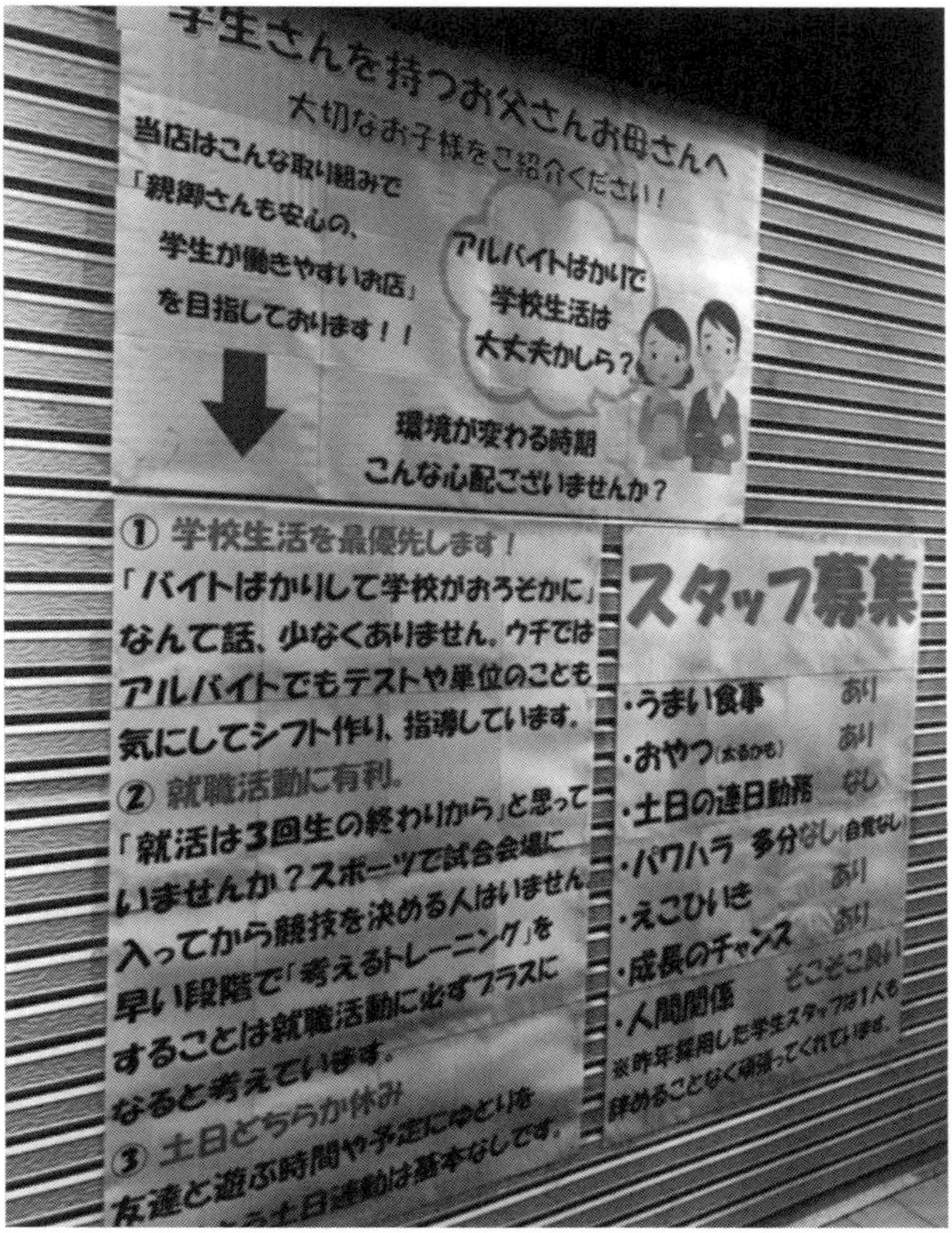

「なぜデカイ貼り紙にするのか？」の理由は、「小さな貼紙だと読んでくれないから」です。どの店も募集ポスターって小さいのが多くて、
①そもそもその存在を知らない、②見つけたとしても小さすぎて読めない、
③店の前まで読みにいくのはちょっと気まずい
ですからある程度の距離から読んでもらえるようにしています。ちなみに貼り紙は A4 が 16 枚の大きさです。

学生さんを持つお父さんお母さんへ　大切なお子様をご紹介ください！

(吹き出し) アルバイトばかりで学生生活は大丈夫かしら？

環境が変わる時期　こんな心配ございませんか？

当店はこんな取り組みで「親御さんも安心の、学生が働きやすいお店」を目指しております!!

①学校生活を優先します

「バイトばかりして学校がおろそかに」なんて話、少なくありません。ウチではアルバイトでもテストや単位のことも気にしてシフト作り、指導しています。

②就活活動に有利。

「就活は3回生の終わりから」と思っていませんか？　スポーツで試合会場に入ってから競技を決める人はいません。早い段階で「考えるトレーニング」をすることは就職活動にかならずプラスになると考えています

③土日どちらか休み

友達と遊ぶ時間や予定にゆとりをもてるよう土日連勤は基本なしです。

スタッフ募集
●うまい食事　 あり
●おやつ（太るかも）　あり
●土日の連日勤務　なし
●パワハラ　多分なし（自覚なし）
●えこひいき　あり
●成長のチャンス　あり
●人間関係　そこそこ良い
※昨年採用したスタッフは1人も辞めることなく頑張ってくれています。

このデカい求人広告は地域でとても評判で、一気に10名のアルバイトが応募してくることもあると言います。

また、アルバイト募集は常時行っておりません。学生さんが就職した時や留学する時など、求人募集の広告が貼り出されるのは、はっきりした理由があるのです。

店頭全体を使った求人広告はコミュニケーションツールです。時給は絶対に表記されず、常に内容は更新されています。

ある時は、「1日体験アルバイト」の募集広告をつけ足してみたり、時にはアルバイトだけではなく正社員や独立希望者を募ることもあります。

飲食業の現場での人手不足感が過去最高に強まる中、待遇の改善で採用を有利に進めようとするお店が多いですが、絶対条件を設けて採用基準を高めるのは少数派です。

採用で「彩鳥屋　てっちゃん」に妥協は関係ありません。

小さなお店の人材採用で一番重要なことは、スタッフインタビューです。

「あなたがこの店で働きたいと思った理由は何ですか？」

インタビューで引き出された共通項が、あなたのお店で働く価値となるのです。

「彩鳥屋　てっちゃん」は拙著『「あなたのところから買いたい」とお客に言われる小さな会社』で「看板をコミュニケーションツールとして、お客が応援してくれる焼き鳥屋」として事例紹介していますので参考にしてください。

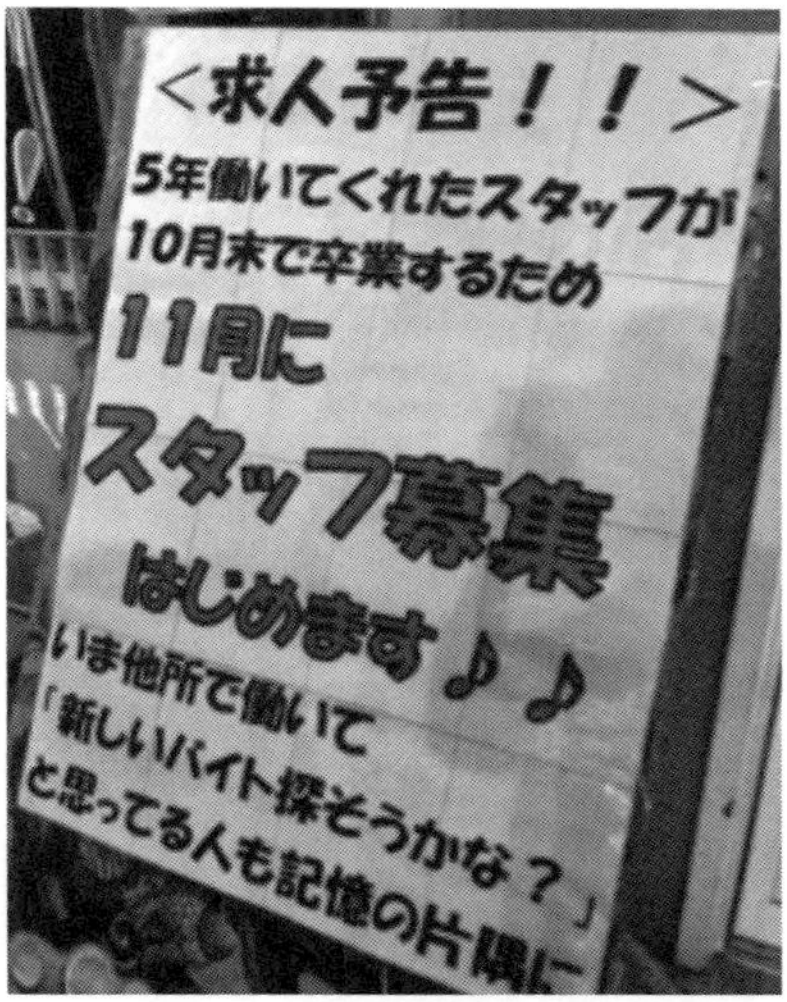

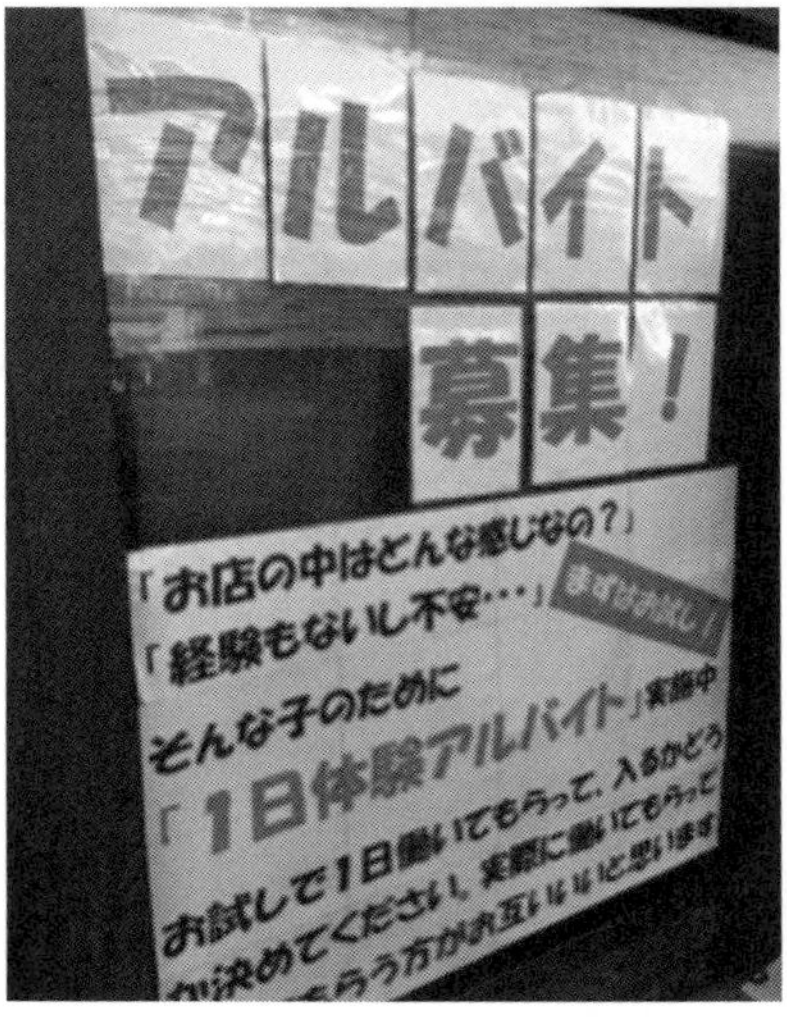

「求人サイト、ハローワーク、地元の求人誌等、さまざまな求人媒体がありますが、ボクはどれも試したことはありません。試行錯誤の結果、デカイ貼り紙の求人が一番効果的だと考えています」（店主より）

デカい求人募集の貼り紙は、アルバイトを検討している人だけへのものではなく、親御さんへの想いがメッセージに込められています。

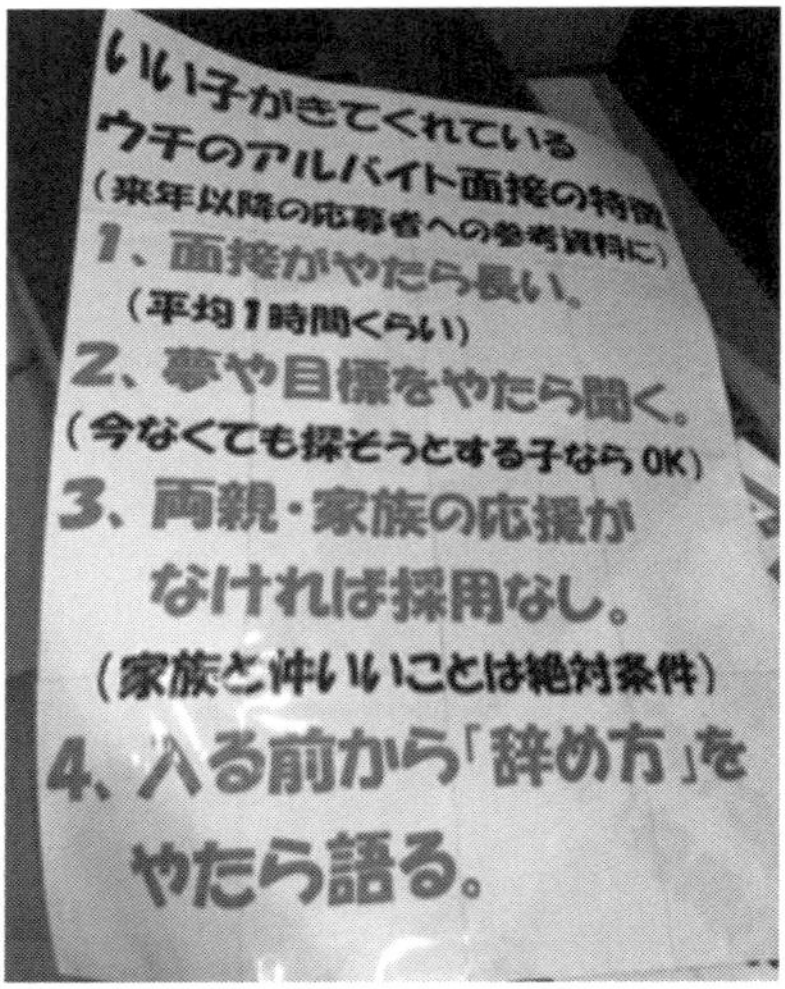

冬のアルバイト採用を無事に終えたことを、わざわざデカい貼り紙に書いているのは、数あるお店の中から選んでいただいた感謝の気持ちと、アルバイトを検討してくれている方への「報連相」です。

あなたの会社も人材採用の3大戦略を掲げよ！

求人難は過去最高のレベルであるにもかかわらず、どうして多くの会社はどこも同じような採用のやり方を選んでいるのでしょうか。

それで成果があれば良いのですが、求人情報雑誌に何度も出稿するが、思い描いている人材に出会えず、残念な結果に終わっている企業が少なくありません。利益の多くが採用コストに費やされているにもかかわらず……。

小さな会社がより有利に採用で欲しい人材を獲得するには、次の3つの要素を探究し、実行に落とし込むことが大事になります。

- ●お金をかけない
- ●環境には限界がある
- ●人を中心に採用戦略をつくる

【お金をかけない】

ある求人情報誌の掲載料金について調べてみました。

求人広告雑誌は、ライバル企業となる求人広告が集積しているので、小さなスペースの広告よりも大きなスペースを使った広告が目に留まる確率も高く、ライバルより有利な条件となることに間違いありません。広告の掲載料金も高額になります。まさに「強者の戦略」です。

ちなみに一番小さな縦5・8センチ、横4・5センチ枠の広告掲載料金は、大阪では2万4000円でした。一番大きな1ページ枠の広告掲載料金は34万円です。ある町工場が一番小さな枠で広告を掲載しましたが、反響がなかったので1つ枠を大きくして広告を出したところ、増えた問い合わせは「ほかの求人情報雑誌の営業担当からだった」と、社長は「笑ってられない」と話していました。

また、大阪版と地域を限定した求人雑誌の対応エリアを調べてみると、大阪市中心に堺市や八尾市、南部の藤井寺市や羽曳野《はびきの》市、東部の東大阪市や大東《だいとう》市、北部の吹田《すいた》市や高槻《たかつき》市、西部の西宮市や尼崎市など広範囲でした（次ページ）。

大阪版、求人雑誌の設置エリア

ちなみに、一番南の堺市から大阪の中心部まで、電車での移動は１時間強です。

●交通費が増える
●通勤時間が増える
●体力が奪われる

小さな会社が求人の対象エリアを広くすることは、本当に良い方法なのでしょうか？

【環境には限界がある】

また、最近の求人情報雑誌には、「アメリカの大学にあるカフェテリアのような社員食堂があります」とか「スタイリッシュなオフィスです」など、職場の環境づくりを積極的にPRする企業が増えてきました。

しかし、規模の小さな会社はこうした環境づくりにも限界があります。

ここに興味深いデータがあります。

ミシガン大学の研究で、チーム・メンバーの働く意欲に最も大きな影響を及ぼすのは何かということについて調査が行われました。当初、賃金や企業に対する忠誠心、仕事の環境や福利厚生などが、仕事上の意欲と相関関係が強いと考えられていました。

これらの条件が良くなると、生産性や働く意欲がどの程度高くなるか、実態調査を行いました。

その結果、賃金が低いと労働意欲は低下しますが、賃金を高くしてもある一定のところまでいくと、急に相関関係を失うことが発見されました。仕事・職場の環境や福利厚生も同じでした。職場の環境を良くしたいという思いは大切ですが、働く意欲を長期的に維持できるものではなかったのです。

【人を中心に採用戦略をつくる】

工務店の経営者向けの研修で、「あなたの会社には採用基準がありますか？　基準のある方は手を挙げていただけますか？」と投げかけてみると、手を挙げた方はほとんどありませんでした。

この傾向は全国どこでも同じでした。

手が挙がらなかった方に「採用基準がなくて、どのようにして採用するかどうかを判断しているのですか?」と尋ねると、「私は人を見る目がある」と自信を持って答えてくれました。

笑い話のようですが、事実なのです。

小さな会社で採用基準を明確に定めている会社はまだまだ少数派です。また、採用基準や採用プロセスが曖昧なことから、現場でトラブルも多く発生しています。

「社長はどうしてこんな人を採用したのか?」と、社員から不満や愚痴が噴出した会社。

「思っていたのと違う」と、入社後数日で辞めた社員。

「こんなはずではなかった」と、頭を抱えた経験はありませんか?

人材採用ミスは、会社に大きなダメージを残すことにもなりかねません。ですから、より良い結果につなげるためには、採用基準をつくることに時間を費やしてほしいのです。

ここで採用基準とは、どういうことかを定義しておきましょう。

「採用基準とは、あなたの会社に来てほしい人物像を明確に言語化し、比較、判断に用いる一定の要件を定めたものである」

他社がつくったものを真似てもうまく機能しません。なぜならそれは、他社の基準だからです。あなたの考えや想いを言葉にして、あなたの会社独自の採用基準をつくることが大切なのです。

そこで採用基準はランチェスター法則の3大戦略を参考に構築すると、差別化したあなたの会社独自の基準ができると確信しています。

1．求める理想の人材像（客層戦略）
2．求める技術・能力・人柄・価値観（商品戦略）
3．求める人材の暮らしている地域（エリア戦略）

あなたの会社は採用基準を明確にしていますか？

採用のルール
5

小さな会社で社員が辞めずに長く働いてもらうための人材育成戦略

社長の願望・目的で決まる。人材育成もここから入る

●どんな未来を創りたいのか！
●何のために事業をやるのか！
●将来、何で1位になるのか！

先日、木質のフローリングをつくる従業員数60名の町工場で、入社3年目の社員を取材しました。同社への入社のきっかけを尋ねると、

「就職説明会の会場で社長の熱いプレゼンテーショントークを聞き、興味が湧きエントリーすることにしました」

「最終選考まで残った時点で、実は一部上場企業1社から内定をもらっていましたが、社長が『うちに来ないか。ともに良い人生を歩きましょう』と、直接電話をくださいました。1日悩んだ末、経営者自らが電話をくださった誠意にかけてみようと思い決心しました」

「会社説明会で社長自らが、情熱的に話をされるのを聞いて、俄然《がぜん》惹《ひ》かれました」などと、社長の強い想いや情熱的な行動に共感したことが一番に挙がりました。

取材をしていて、社長の強い想い、願望が人の心を動かしていると感じました。

願望とは「願い望むこと」です。

「どんな未来を創りたいのか」、そして**「そう思った背景にはどのような出来事があったのか」**を社長自身の体験を通して伝えなければなりません。

願望を関わる人すべてに伝えることが社長の役割です。

従業員100人以下の会社では、社長の願望と正しい戦略で経営が決まります。社長が願望や経営戦略である目的と目標を明確に示せないようでは、話になりません。

小さな会社にとって、正しい戦略とはランチェスター法則「弱者の戦略」です。

戦略づくりも社長の仕事なのです。

人材が育つかどうかの第1の条件は、正しい戦略に裏づけられた経営方針が明確に示されていることです。

そこで、良い人材の条件を次のように定義しました。

●社長の願望を共感・共有できる人
●社長の示す経営戦略に沿って、自分の仕事の方針と計画が立てられる人
●経営戦略に沿って、仕事をするために必要な技能の向上を図れる人
●自分がやるべき仕事を最後までやり遂げようとする意欲を持っている人
●仕事を実行するにあたって周囲の人と協調できる人

つまり、良い人材が育つかどうかも、社長の願望に沿って、具体的かつ明確な経営戦略が示されるかどうかで決まるのです。

【体験を通して願望を伝える!】

ここで構造物メンテナンス専門企業、株式会社キーマンの城道整社長の願望を紹介しましょう。

同社は1993年創業、本社は東大阪市で従業員数30名。建造物の延命や価値向上の必要性に着目し、メンテナンス・スペシャリストとして事業を展開しています。橋梁《きょうりょう》、道路

といったインフラから、ビル、集合住宅、学校といった建物に至る幅広い分野で技術を磨き、高い評価を得ています。

城道社長は経営計画発表会や就職説明会など、ことあるごとにご自身の体験を通じて仕事への想いを伝えています。

私は27歳の時にプロサーファーになる夢をあきらめ、以前からアルバイトでお世話になっていたキーマンに入社しました。私が入社した頃は阪神淡路大震災が起きたあとだったので耐震基準が見直され、耐震工事が徐々に増えてきて阪神高速道路や高架橋などの橋の補強工事を多く行っていました。

それと並行して国や自治体の方針で小中学校の耐震補強工事がだんだん増えていき、工事の70％が学校の耐震補強工事になっていました。

そんな中、私は偶然、自分の子どもが通っている保育園の耐震補強工事を担当することになりました。いつもと同じように工事をしているつもりでしたが、「この建物は地震が起きても絶対に倒壊させない」という想いで工事に取り組んでいる自分に気がつきました。

今までの自分は「品質の高い仕事をしよう」とか「お客様に喜ばれる仕事をしよう」という想いはありましたが、「その建物を使う人の命を守る」という意識はありませんでした。

しかし、私の仕事は「人の命を守っているんだ」と気づいた時から、どんな工事であっても「自分の子どもが通っている学校、家族が使っている建物」という気持ちで工事に取り組むようになりました。

私はこれからも地震が起きても倒れない建物、落ちない橋に補強することで、人々が安心できる安全な生活環境をつくっていきます。

地震で命は奪われない。人がつくった建造物が倒壊して命が奪われる。

私たちは耐震補強工事を通じて地震が起きても倒れない建物、落ちない橋に補強することで、人々が安心できる安全な生活環境をつくるのが仕事です。

あなたは、社員に願望を伝えていますか？

事例

14年間離職率ゼロ。毎年1人ずつの採用でスタッフ同士が助け合う文化が醸成したアルミ加工会社

大阪市生野区にある関西金属製作所はアルミ形材・加工に専門特化し、専門分野を活かした事業は大阪を中心に全国からも引き合いがやってくる元気な企業です。創業は１９６２年、従業員数25名（２０１９年7月現在）です。

これは同社の３大戦略です。

●客層：30人以下の法人
●商品：アルミ形材＋付帯加工専門
●エリア：商品によって地域が異なる

重点の客層は、モノづくり企業中心で、従業員規模が30人以下の会社です。社長が決定権を持ち、自ら現場でも営業の打ち合わせなどにも対応している会社を対象としていま

す。

もちろん大手企業からの引き合いも多数ありますが、価格競争に陥りやすい傾向があり、基本的には取引先を30人以下の小規模な会社に絞り事業に取り組んでいます。

また、関西金属製作所は長年の間、アルミ形材に特化してきたことで、特殊車両に使われている台座（アルミ形材）の部材で業界占有率1位の実績を持ち、さまざまな業界での取り組み実績やノウハウも蓄積されており、専門性の高さが評価されています。

代表の加藤慎二さんは、事業のあるべき姿を次のように話してくれました。

「我々は完成品メーカーではない、現状どのような取り組みをしていけばいいのだろうかと、十数年前にスタッフと話し合いアンケート方式で考えを集めました。その答えにいくつかの共通項がありました。それらをまとめると、私たちはお客様の困りごとを解決する『製造業の縁の下の力持ち』でありたい！　となりました。

『人は自分ひとりだけではできることは限られる。みんなで支え合って力を合わせれば、より多くの人に喜んでいただけるであろう』という想いが込められていました。みんなで考えたこの言葉を大切にしたいと考え、私たちの理念としました。製造業のお役立ちができるよう、日々活動の指針として共有しています」

実は、関西金属製作所は14年もの間、退職した社員が1人もいません。「ある日、顧問の社会保険労務士から『社長、長い間、社会保険の退職届を出していませんね』と言われて、調べてみると14年間、誰ひとり辞めていないことに気がつきました」と加藤さん。

同社では2005年に1名の社員を雇用して以来、10年間採用を見送っていました。世間では、2000年初頭にバブル景気が崩壊した影響を受け、民間企業の倒産やリストラが相次ぎました。さらに2008年9月のリーマンショックで記録的な就職氷河期になり、新規採用を見送る大手企業もめずらしくなかった時代です。

関西金属製作所も雇用を守るのが「精いっぱいだった」ことから、採用を中止していました。

「しかし現状を見ると、社員の平均年齢も上がってきました。何もしなければ、会社の力が損なわれてしまう」と、加藤さんは人材採用の活動を再開し、2015年から毎年1名ずつ新卒の人を採用し、社員を増やしてきました。

【人材育成に特効薬はない】

人材育成は企業の経営上で最も重要な課題です。

厚生労働省の「能力開発基本調査」によると、企業が競争力をより高めるため、今後強化すべき事項としては「人材の能力・資質を高める育成体系」が最も高くなっており、人材育成は企業経営上、重要な課題となっています。

そうした中、人材育成の実施状況は、小さな会社ほど教育訓練の実施率は低くなっているのが現状で、若年層の人材育成の課題として「業務が多忙で、育成の時間的余裕がない」「社長や上司の育成能力や指導意識が不足している」「人材育成が計画的・体系的に行われていない」などを上位に挙げる企業が多くありました。

また、人材育成の実施から教育・訓練が行われても、その理解度には個人差があり、まったく同じレベルで理解され、同じレベルで行動に結びつくことはあり得ません。

何でも早い子・遅い子・普通の子がいます。

個人差のある人たちが1つの会社で働いているわけですから、理解の密度や受け止め方にも大きな差が出てくるのは当然のことです。

それでは理解力のばらつきの差を埋めるためにはどうすればいいのか。

それは「反復」しかありません。何度も繰り返すことです。1回でわかる人もいれば、5回言ってもわからない人もいます。10回、15回と言わないとダメな人もいます。人材育成に特効薬はないのです。

加藤さんは、自身の教育のあり方を振り返り反省していました。

「ドラッグストアで人材育成の特効薬が売っているのであれば、すぐに買いたいくらいです。しかし現実、そんなものは販売されていませんね。

ウサギとカメの話を知っていますか？　足の速いウサギと足の遅いカメが競走をし、最後はカメが勝利するという物語です。登場するカメとウサギについて思うことがあります。

カメはカメ。ウサギはウサギでしょ。

ある日、突然カメがウサギのように速く走ることができるかというと、そんなことはありません。また誰かに指示されて変身することもありません。カメはカメです。カメに『ウサギのように速く走りなさい』と言っても無理な話です。私は現場でカメのような子に対して、『なぜ速く走れないのか』『なぜウサギになれないのか』と言ってきたように思います。これではダメですね」

学んだことを社内に取り入れようとして「あれをやってみよう」とか、「これもいいぞ」と取り入れようと考えても、社員から反発を買ってしまう企業が多々見受けられるものです。

いくら良いことだと言っても、スタッフからすると「また仕事が増える」と感じて拒絶反応が起きても仕方がありません。

そこで加藤さんは、「私たちのような小さな会社は、『半年に1本』または『1年に1本』と根気強く着実に杭《くい》を打つことを考え、地道にやることが最も近道なのではないかと思います。何か1つ、「これだ！」と思うものを選び、何度も繰り返し伝え、定着するまで根気強く、粘り強く社員に寄り添っていくことにしました。軟弱地盤に1本ずつ杭を打ち込み、確実に地盤を強くするような人材育成を目指すことにしました」と、育成方針を話してくれました。

真の理解は、人の話を1回から2回、聞いて学んだくらいでできるものではありません。

人材を育成するには、とても大量の時間が必要なのです。人材育成に特効薬はありません。人材育成は漢方薬と言ったほうがしっくりくるかもしれません。

社長の正しい戦略方針に沿って、毎日の繰り返し作業を通して、長い時間をかけて実行するしか人材を育成する方法はないのです。

社長が出した戦略目標を達成するためにスタッフは仕事をしているのですから、必要により外部の教育会社に頼むことはあっても、教育の担当者は戦略目標を決めた社長自身がなるべきです。

【スタッフ同士が仲良くなることが離職率を下げるコツ】

会社を辞めた理由の一番に挙げられるのが「職場の人間関係」です。

人間関係を良くするためにはさまざまなアプローチがありますが、部分的な最適化にとどまり、全体的に不最適なケースが多く見受けられます。

まず、全体を最適化するためには、ものごとの目的を明確にすることが何より大事になります。

会社の目的は「人を幸せにすること」です。次に経営の目的は「お客様をつくること」

です。関西金属製作所では、スタッフが安全に安心して長く働ける職場づくりの基盤をつくること、スタッフ同士が助け合う風土づくりを手がけることが離職率を下げる大きな要因になると考えています。

関西金属製作所が取り組む離職率を下げるために大事にしていることが3つあります。

1．スタッフ同士を競争させない

通常、営業担当は毎月・四半期・半年・1年と売上げ目標が個人別、組織別に定められているものです。しかし関西金属製作所には、売上げ目標はありません。また、営業スタッフ同士を競争させることもありません。

無理な売上げ目標を立ててスタッフを疲弊《ひへい》させるのではなく、正しい戦略に沿って仕組みをつくり、利益が出るようなやり方を指導するのが社長の役割と考えているからです。

2．スタッフ同士が助け合う風土をつくる

同社では、スタッフ全員で助け合う風土づくりを何より大事にしています。互いの長所を認め合い、困ったことがあれば気軽に相談できる関係づくりができています。

営業スタッフ個々に売上げ目標がありませんから、自分だけが良くなろうと考えるのではなく、みんなで良くなろうという気持ちや行動が職場に定着しています。新規開拓で成功した時などは、すぐさまほかの営業スタッフに共有されるのです。

また、「お客様に対して良い仕事をした時」や「仲間の仕事をフォローした時」「部下のトラブルを手助けした時」に、社長が率先してスタッフを褒めています。よくよく観察していないとできるものではありません。仲間を大切にする風土を社長が自らつくり出しています。

3．安心して長く働ける職場づくり

会社の目的は人を幸せにすることです。人が働く目的は幸せな人生を送りたいと願っているからです。こうした考えから、関西金属製作所は年功序列を大切にしています。

仕事で大きなミスをした人を降格する、大きな成果を出した人を昇格するといったことはありません。ことあるごとに地位や給料が上がったり下がったりするようでは、社員が安心して長く働くことができないと考えているからです。良い時も悪い時もみんなで支え合うのがこの企業のあり方だからです。年功序列の順番にタイムカードを並べているのも、

「安心して長く働いてほしい」という考えが読み取れます。

また、定年退職制度は60歳定年と定められており、定年継続雇用は更新で65歳までです。しかし、働く意欲があり、元気であれば、「たとえ半日しか出勤できないとしても、体力が続くかぎり来てほしい」と、社長はことあるごとに社員に伝えています。

「人を大切にする職場を目指しています」という企業が増えていますが、新入社員の3人に1人は3年で離職しているのが現実です。14年間、離職率ゼロの同社の取り組みは、小さな会社の人材育成の強力な地盤づくりの良いお手本だと感じています。

【お客様中心の経営に変えた時、スタッフの気持ちが変わる】

ランチェスター法則では、「経営の目的はお客様づくり」と明確に定めています。

お客様中心の経営は江戸時代の昔からずっと変わらないことから「不変の原理原則」と言います。関西金属製作所では「お客様中心の経営」を徹底してスタッフの意識にまで浸透させています。

「お客様中心」は経営の原理原則

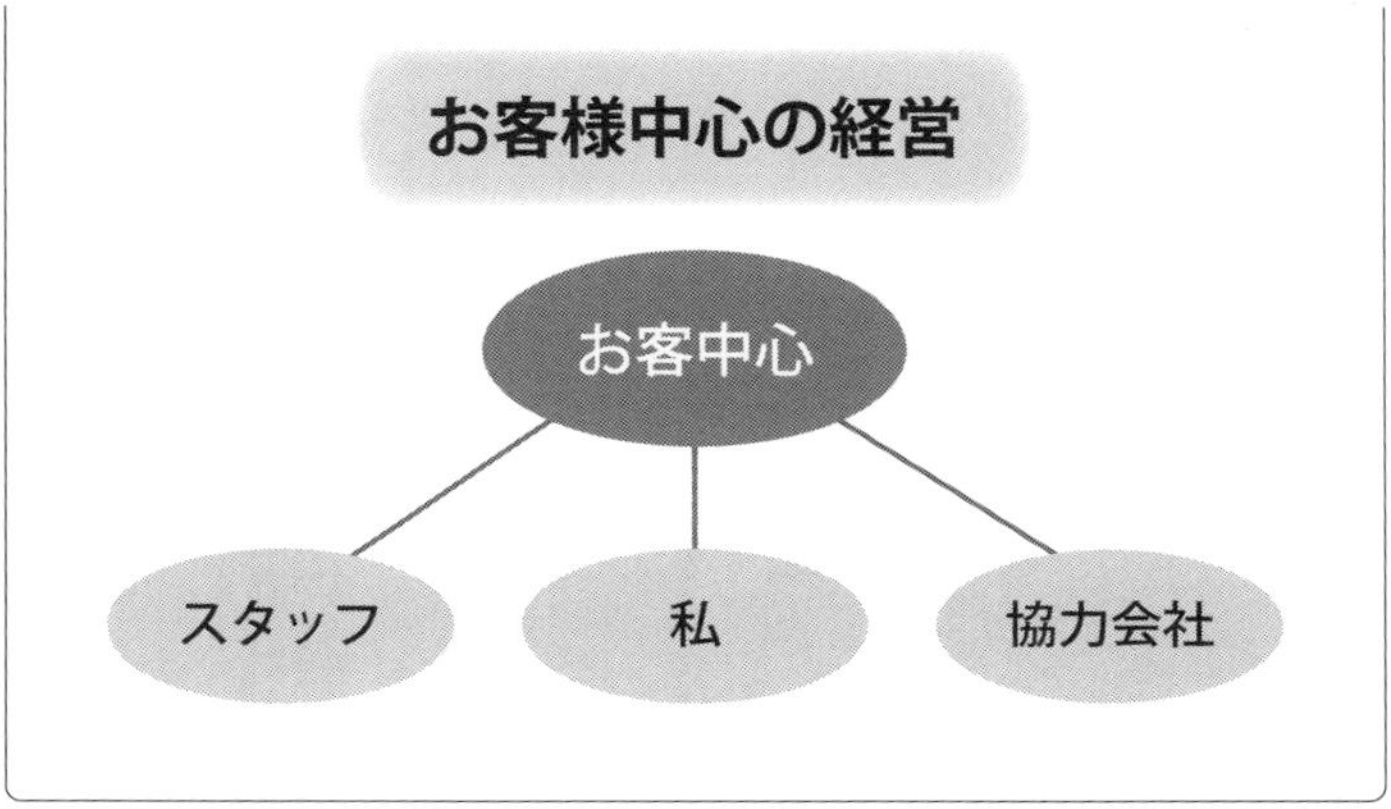

先日、私は同社へ取材にうかがいました。オフィスで社長と打ち合わせをしている時に、営業社員が戻って来ました。加藤さんは、間髪を入れず「南君、経営の目的は？」と声をかけました。突然なことでしたが、南君は「はい！お客様づくりです」と笑顔で言ってデスクに座りました。

作業現場でも「竹山君、経営の目的は？」と声をかけると「お客様づくりです」と、竹山君は加工したアルミ形材を手にしたまま答えました。

現場の隅々まで教育が浸透している。私は驚きを隠せませんでした。

加藤さんは関西金属のあるべき姿についての

考えを話してくれました。

「お客様づくりは経営の目的です。お客様第一主義で間違いないと思っています。そのため、私たちは協力会社と社員が知恵を出し合い支えがあってこそ、お客様にご満足いただける品質のモノづくりや納期、サービス態勢が確保できていると考えています。

その結果、私たちはお客様対応で他社と差別化することができるのです。ですから協力会社とともに発展していくことが私たちの使命です。

『自分の成績を上げたい』『売上げを上げたい』『利益を出したい』、だから協力会社に『値段を安くしてほしい』と自分たちのことだけを考えて、仕入れ価格を値引くような仕事をしてはいけません。理念でもそこははっきりと言葉にしています。自分本位の考え方や協力会社への理不尽な対応は必ずしっぺ返しとなり、自分に返ってくるものなのです。

当社は、『製造業の縁の下の力持ち』を目指し、協力会社を含め体現しています。

当社のホームページには社員のミッションが掲載されています。社員の1人ひとりが『何のために働いているのか？』」、仕事をする意義や想いが記されています。

ある営業担当が、仕事で失敗をしてお客様に迷惑をかけてしまいました。すぐに対応しなければ、『お客様に大きな損害を与えてしまう』と思い、協力会社のところへ無理難題を承知でお願いに行きました。

『お願いします』と担当者が言うと、『オレは人助けが趣味なんや』と協力会社の社長に難局を助けてもらった体験が書かれていました。よほどうれしかったのでしょう」

彼のミッションには、『困っている人があれば助けてあげるような生き方をしたい』と書いてありました。

加藤さんは、「仕事を通じて彼の成長を感じたのとともに、協力会社の方々と社員との強いつながりをうれしく思いました」とミッションを読み返していました。

関西金属製作所は、毎年恒例で2泊3日の研修旅行を企画しています。

旅行先でよく見る光景があると言います。お土産のお菓子を10箱とか、買い物カゴに入れているスタッフたちの姿です。

家族へのお土産もあるでしょうが、その大半は協力会社へのお土産なのです。その費用はすべて自腹です。旅行から帰って来ると、営業マンだけではなく、商品管理をしている人までもが、協力会社へお土産を届けてほしいと、担当している営業マンのデスクの上に置きにくるというのです。

ある協力会社へのお土産は10箱を超える数になり、「オレを糖尿病にさせる気か」と相手先の社長から冗談をいただくというエピソードを聞かせていただきました。

「私は、お客様の課題解決に全力で挑んでくれているスタッフを誇りに感じています。惜しみなく知恵や技術を駆使して、お客様の要望をかなえてくれる協力会社の方々は、私たちの宝です。

社員と協力会社が目的に合わせて努力してくれているからこそ、お客様に喜ばれて、多くの企業の中から私たちが選ばれるのだと実感しています。目的を支えてくれている社員と協力会社を大切にすることが私の役割です」と、経営の基本的な考え方と決意を加藤さんは語ってくれました。

【「弱者の人材育成」はコミュニケーション戦術から始まる】

関西金属製作所には、朝礼はありません。朝礼を必要ともしていません。

そもそも、なぜ朝礼が必要なのか？

朝礼の目的は企業によってさまざまです。「挨拶して気持ちを盛り上げる」ことや「教育訓練の一貫」「理念や行動指針、想いを共有する」などが挙げられるでしょうか。また、「1日、各自の仕事を確認する」「業績報告を確認し社長が叱咤《しった》激励をする」「受け売りの『ありがたい話』を聞く」などの報告・連絡・相談の場として利用している企業も少なくないでしょう。

「工場と事務所が同じ敷地にあるので、何かあればパッと集まるので必要な時に情報を共有しています。『ちょっと集まってもらえますか？』『決めたいことがあるけど、どう？』」といった具合です。

協力的な職場の風土があれば、形式的なやり方にとらわれなくてもよいと私は思っています」

さらに加藤さんは、業績中心の会議を行わない理由をサラリーマン時代に勤めていた会社の体験から話してくれました。

「私は大学を卒業後、大手サッシメーカーに勤めていました。入社して半年間、工場や支店で研修を受け、ある営業所に配属されました。自分のデスクを与えられると、売上げノルマも与えられました。売上げ額がグラフになった表を壁に貼られたり、同僚と比べられたり、会議では精神的に追い詰められました。

ある時、将来を有望視されていた営業課長が、年度末に1億円以上の架空の伝票をつくり、年度が明けた時に新たに伝票を書き直し、相殺《そうさい》しているのを知りました。販売ノルマ達成のために、架空伝票を書いたり、処理したりする作業を考えても膨大な時間が必要です。それがムダに思えて仕方がありませんでした。

厳しいノルマがあるからこうなる。『私は自分の会社では、そうしたことはしない』とその時決めました」

加藤さんが、売上げや利益計画、進捗《しんちょく》などを含めた業務中心の会議をしない理由です。

原稿を書いている時に、こんなニュースが飛び込んできました。

「かんぽ全3000万契約調査　不適切販売」（2019年8月1日）

●日本郵政グループは、かんぽ生命保険の不適切販売をめぐり、過去5年間分の全契約

3000万件の契約について調査をした。

●かんぽ生命の保険商品で顧客に不利益を与えた可能性のある契約が、過去5年間で18万3000件あった。

●高い営業目標や販売員のノルマが一因だと見られ、2019年ノルマ営業を廃止することになった。

経営の目的はお客様づくりです。お客様に好かれて、気に入られて、喜ばれて、忘れられないように、より良い関係づくりをするのが本来の仕事です。業績中心の会議は正しい目的に沿ったものなのか、私たちは見直す時期にあるのかもしれません。

【スタッフとのコミュニケーションを図るさまざまな戦術】

ランチェスター・リーダーシップ戦略では、「生産性の高いリーダーは、人間関係能力7に対し仕事能力3のバランスで行動している」と定義しています。

リーダーは部下とより良い関係を築くため、定期的なコミュニケーションが求められるのです。その中でも**「デイリータッチの原則」**があり、1日1回は必ず部下と接触することを提唱しています。そのほかに**「ウィークリータッチの原則」**と**「マンスリータッチの原則」**があります。

加藤さんは、こうした原則を取り入れて社員とのコミュニケーションを図っています。

「社長！　3時間切りました」と、大阪マラソンを走りきったスタッフが朝一番に報告しました。加藤社長は「ちょっとタイムを書いてくれるか」と白い紙をスタッフに手渡しました。

「私のブログに載せるからね。ハイ笑顔で！」パシャ。

毎月定例の読書会でも「中田君、今日の発表は良かった！　ハイ笑顔で」パシャ。

また「先日、佐藤先生から『関西金属製作所の営業は粘着力が強みですよね』と言われたので、次の研修で事例発表するのに協力してくれるか。絶対みんな笑ってくれるから」とコピーをしていた社員にお願いして一緒に写真を撮っていました。

撮った写真は、社長のブログ「加藤のブログ」に順次紹介される仕組みになっています。

ブログを見てくれているお客様から、「その本、買いましたよ」などコメントをいただく

デイリータッチ

社長ブログにスタッフを掲載

機会も増えていると言います。

加藤さんは、「こんなこと言われたよ」といただいたコメントの内容をスタッフに直接フィードバックしています。また、スタッフのご家族の中にも「加藤ブログ」を愛読している方がおられるようで、「お父さん、いい顔しているね」と、奥さんや子どもさんから声をかけられて「うれしかった」と社長に報告してくるスタッフもいると言います。

日々、スタッフの趣味や生き方、行動に深く関心を持ち、ブログで自身の考えや感情を発信する取り組みが、互いのより深いコミュニケーションをつくり出しています。

「営業の小部屋」と「今週の顔」というブログの

コーナーがあります。スタッフも部署ごとにブログを書いて情報発信もしています。

●営業スタッフが書いている「営業の小部屋」は1カ月に1度の更新
●現場・経理担当が書いている「今週の顔」は2週間に1度の更新

毎週、誰かがブログを更新していきます。

スタッフのブログ「営業の小部屋」や「今週の顔」の原稿は、掲載予定日の2週間前に提出するルールになっています。発信前に社長が事前の確認をするためです。

確認作業は「この内容は不適切だ」とか、「この記事はもっとこうしたら」とアドバイスをするためのものではありません。

●スタッフがどんなことに関心を持っているのか
●何に対して喜びを感じているのか
●家族とどんなことがあったのか

などを共有したい思いから社長は必ず原稿に目を通し、コメントを入れて本人に返していると言います。

「あなたのことに興味がありますよ」「あなたの未来を応援していますよ」という社長メッ

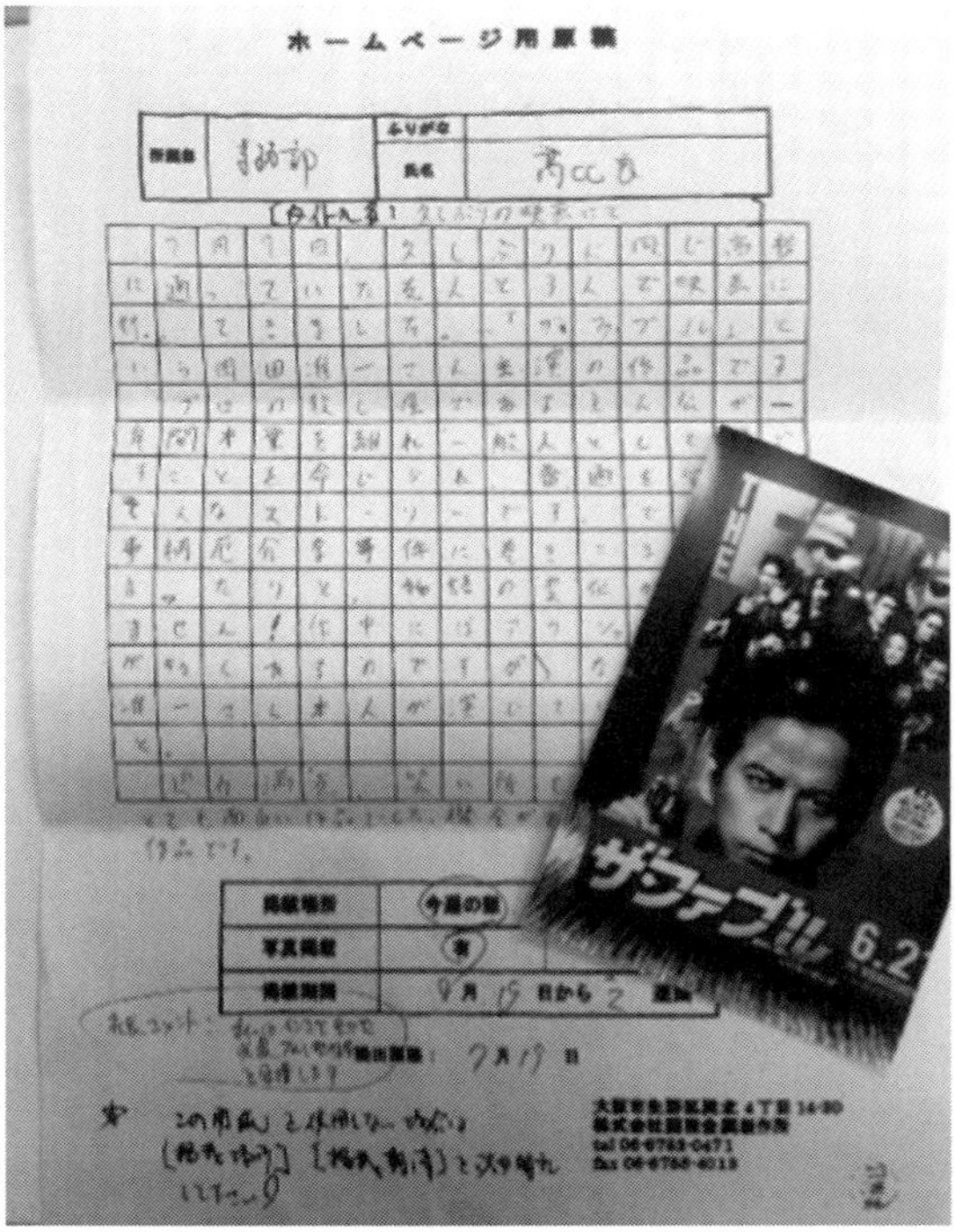

ブログ掲載予定の２週間前に提出される、事前の確認シート。
加藤さんは、手書きでコメントを入れて本人へ返しています。

セージです。実は、人は自分に関心を示す人を好きになる原則があります。

ブログ発信に至る原稿確認のやり取りは、部下の個人的なことに関心を示し将来を期待する社長の気持ちの表現でもあるのです。

「ある営業マンがお客様を訪問した時に『あんたグルメやなぁ』と声をかけられたこともあり、本人も大変喜んでいました。私たちのような小さな会社は、全社員営業です。スタッフのブログはお客様とスタッフの距離を縮めることも目的の1つです。時には個人情報がまるまる漏洩《ろうえい》していますと、うれしそうに加藤さんは言いました。

【スタッフとのコミュニケーションを図る戦術の仕組み】

次は、ウィークリータッチの原則、営業会議です。

関西金属製作所の営業会議は、2週間に1回、火曜日に開催されています。

同社は業績中心の会議はありません。営業の勉強会と言ってもいいかもしれません。

営業会議の内容について紹介しましょう。

●研修で学んだことをアウトプットしみんなで共有する

- ●新規開拓のロープレで営業トークを磨きみんなでレベルアップする
- ●興味を持った書籍から得た知識や考えをみんなに発表する

営業会議はスタッフの成長を促す役割を担っているのです。

会議では、たとえば研修で学んだことをアウトプットしたりします。

「外部研修で学んだことは、必ず社内で共有することがルールになっています。先日のことです。高校を卒業して5年目のスタッフが、1月から営業見習いになりました。担当する予定のお取引先の社長が講師となり、事例発表をする研修に参加しました。

その研修内容を後日、営業会議で『22歳の彼が何を学んだのか？』『何に気づいたのか？』を発表してくれました。話を聞いていたほかのスタッフが大いに触発されたように感じました」と、加藤さんはスタッフの成長を喜んでいました。

外部研修で知識をインプットする機会はあっても、学んだ知識をアウトプットする機会を与えている企業は多くありません。

人はアウトプットする機会があると、インプットの意識に変化が起こるものです。

「人の成長が会社の成長です」と加藤さんはあるべき姿を話してくれました。

ランチェスター法則では、顧客創造には「3つの柱が必要だ」と伝えています。

ダイレクトメールやホームページ、展示会営業や飛び込み営業など、企業規模や業種業態により、その方法はさまざまです。

同社の営業方針では、飛び込み営業も顧客創造の有効な手段であるととらえ、積極的に取り組みを行っています。

たとえば、新規開拓のロープレで営業トークを磨くことにも取り組んでいます。

事前準備となるロープレは、営業役と顧客役に分かれて本番さながらのやり取りが行われ、観察者役となる社長がアドバイスをしています。

教育と訓練の量を増やすことで営業の質が高まります。これはランチェスター法則の原理原則です。

【興味を持った書籍から得た知識や考えを発表する】

関西金属製作所では、1年の始まりに「私の目標」を書いて発表しています。

2010年は「私は本を読みます」というスタッフが多くいて、それなら営業会議でみんな順番に発表しようという声がスタッフから上がりました。また、相手の話を真剣に聞くためには、発表に対して質問をしようとルールが決まりました。

相手の話を聞かなければ、的確な質問はできません。

読書発表会は20分から25分程度で発表と質疑応答が行われるのですが、盛り上がると40分を超えることもあると言います。

「ボクは本が大嫌いでした。しかし読書会で発表することで、本を読むことがまったく苦ではなくなりました」と、スタッフの体験談に加藤さんはとても喜んでいました。

読書発表会のやり取りは「加藤ブログ」に随時アップされています。

「読書発表会は67回目（２０１９年8月19日現在）になりました。ありがたいことにブログを見た人から、『アマゾンで買ったよ』とＳＮＳで連絡してくれる人もいました。それをスタッフに伝えると、『自分の発表が人の役に立っているんだなぁ』と実感してくれているようです。

最初の頃は笑顔もぎこちない感じがしましたが、今では本当に素直な笑顔を見せてくれます。長い時間を費やしましたが、スタッフの笑顔は当社の自慢の１つです」

加藤さんは、社員の意見から始まった読書発表会にスタッフの成長を強く感じていました。

【部門間を超えたつながりをつくる】

「マンスリータッチの原則」では、毎月、最後の土曜日は全体会議が開催されています。関西金属製作所は、経理担当・業務部・営業管理・営業部の４つの部門で構成されています。全体会議の目的は部門を超えたつながりを持つことです。

全体会議では、３つのテーマに取り組んでいます。

１．自分たちで決める
２．仕事の意義を知る
３．経営の目的を共有する

１．自分たちで決める

会議は輪番制になっており、毎回1名が代表となり、仕事の中で気づいたことや問題提起、改善ルールなど自分たちで決めて、自分たちで実行するルールになっています。業務部から現状の課題や取り組みの発表や、営業部にお願いしたいことなど、各部のスタッフで考えた取り組みやアイディアを会社全体のルールへと落とし込まれていきます。互いに協力し合ってチームで改善を進めていくのです。25名の社員が各自、順番に発表するので、一巡するのに2年間ほどかかります。

２．仕事の意義を知る

理念の唱和は仕事の意義や想いを共有するための取り組みです。働く目的をより深めていくため、理念に合致する書籍を選び、みんなで分担しながら少しずつ読み進めています。

1人ひとりが自分に与えられた役割に対して意味を見つけ出すこと、仕事の意義や社会人としての心構えなどを深めています。

3.経営の目的を共有する

社長が自ら講師となり、スタッフ全員でお客様づくりの知識や考えを共有しています。先日まで拙著、『お客を呼ぶ　スゴい仕掛け！』（小社刊）の事例研究とワークシートを活用し、ワークショップ形式で研修が行われていました。

彼らの取り組みの一部を具体的に紹介しましょう。


たとえば、「お客様に不便をかけていることに気づき改善しよう！」というもの。

まず、「自分自身がお客様の立場で嫌だなぁ」と思った体験をみんなで意見を出し合う。

次に嫌だなぁの意見を集めた項目を1枚の紙にまとめる。

そして、その項目を自分の会社に置き換えて考えてみる。

こんな具合です。

また、「お客様からよく尋ねられること」「尋ねられて答えられなかったのは何?」など、みんなの意見を集め項目を書き出し、どのようにすればより良い対応ができるのかを考えるワークショップも行われていました。

このように、顧客対応力を高めるための仕組みを全員でつくり上げています。こうして毎月、部門間を超えたコミュニケーションの場とスタッフの成長を意識した人材育成の仕組みが継続されているのです。

加藤さんは、長期的な視点に立った人材育成の考えを話してくれました。

「会議や研修をしたからといって、先月から今月にかけて何か変わることはありません。3年、5年、10年の歳月をかけて人は成長するものです。大改革ではなく、小さな改善の繰り返しです。

スタッフ自身も自分が何か成長したとか、変わったとか感じている人も少ないと思います。しかし、読書の苦手だったスタッフが、次の読書発表会のために『どの本を読もうかと書店をめぐっています』と話してくれた時は、本当に成長しているなぁという実感が湧きました」

【社長はスタッフとどうコミュニケーションをとるべきか】

人間は誰しも自分に都合の悪いことは隠したいものです。

しかし、１人の小さなミスが隠蔽《いんぺい》されることで、やがて大きなクレームになり、関係する方々に迷惑をかけ、企業の信頼を損なうことにもなりかねません。

そこで、犯しやすいミスを早い段階で把握し、同じようなミスを繰り返さないよう、「隠蔽撲滅作戦」に取り組んでいます。

これは、失敗も成功もスタッフが話せる仕組みづくりです。

自分のミスを正直に発表しようと、「Mカード」なるものが考案され、２００９年から取り組みが始まりました。

Mは「ミス」の頭文字から取りました。名刺の2倍サイズのカードに失敗したことを書いて、みんなの見える壁に貼り共有する仕組みです。

加藤さんは「いざ取り組みをやり始めたものの、なかなかMカードがスタッフから出てきません。実際、自分のミスは人に知られたくないものです。ですから、最初は私が書きました。ちょっとした数字のミスや連絡のミスなどです。そうすると、『こんなことでいいのか』と安心してくれたのでしょう。Mカードを書く人が少しずつ増えていきました」と、取り組みの経緯を話してくれました。

Mカードの取り組みは、この職場は何を言っても安全という感覚をスタッフに確信を与える場になっています。失敗することを罰せられたり、責められたりせず、組織の一員として尊重される心理的な安全を担保しているのです。

組織に必要なのは、「自分はここにいていい」という安心感と、「失敗しても排除されない」という安全感です。安心で安全な職場の環境は、チームの力を最大限まで引き出す土台づくりになるのです。

これは「心理的安全性」と言います。

ハーバード大学の研究者が唱えた概念で「この職場（チーム）なら何を言っても安全」という感覚を働く人たちが共有することが大事だと言います。

「心理的安全性」の高いチームは、仮に個々人の能力が劣る場合でも、「安全性」の低いチームに比べて、高い成果を上げ続けていることが判明しています。

【スタッフから感謝が生まれる仕組みづくり】

ミスはマイナスの感情が伴います。バランスを取るためにはプラスの感情も必要だろうと、リッツカールトンの取り組みを真似て「感謝カード」が始まりました。

感謝カードは、「仕事を手伝ってくれた人にありがとう」「ミスを未然に防いでくれてありがとう」「サポートしてくれてありがとう」など、スタッフ同士が感謝の気持ちを伝えるカードです。

「取り組みを始めてみると、感謝の言葉を書くことになれてないことや、照れくさいなどの意見があり、感謝カードの枚数が増えませんでした」と加藤さん。

「ありがとう」が、なかなか伝えられない。そんな時、入社して1年生から3年生など、比較的若い人が熱心に感謝カードを書き始めました。

感謝の気持ちを言葉に記すには、相手の行動を観察していなければできません。しばらくするとMカードと感謝カードが逆転しました。

●1年目　Mカード54枚　感謝カード34枚

感謝カードが多くなってきた！

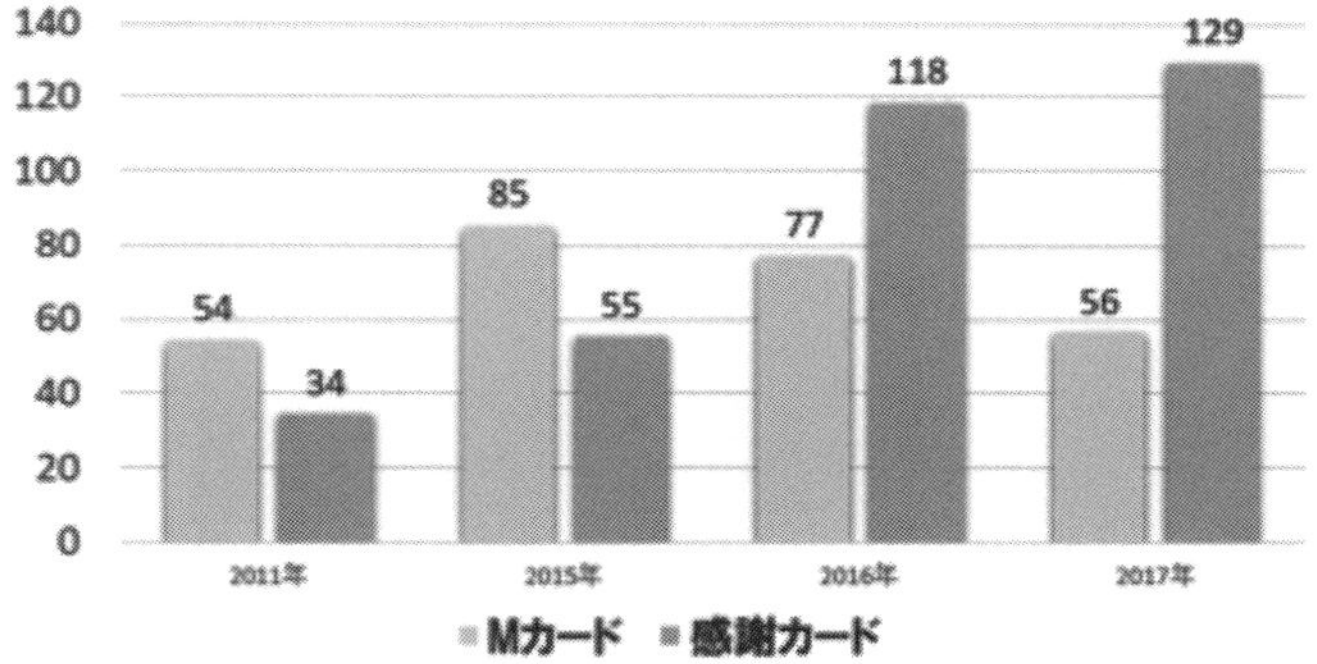

●3年目　Mカード77枚　感謝カード118枚

加藤さんは「大きな感謝じゃなくてもいい。ちょっと助けてもらった。そういった小さなことに気づく心が大切だと思っています。みんなが感謝を表現できるようになって、チーム力が少しずつ高まっているように思います」と、手応えを感じていました。

【お客様が喜んでファンになるのと同じように、スタッフを喜ばせる】

関西金属製作所の入り口の階段を上がると、大きなパネルがあり、スタッフ全員の目標が貼り出されています。「私の目標」というプロジェクトの一環で、２０１０年から始まりました。

「新年になると会議や挨拶で、みんな何かしら目標を話しているのを聞いていて、たとえば、１年を通して小さな成功があったとしても、それは自分だけが達成感を感じている程度でもったいない。自分が積み重ねてきた一歩を自分だけではなく、みんなで共有したらどうだろうかということをきっかけに『私の目標プロジェクト』を始めました。

『私の目標プロジェクト』は、自分の好きなこと、やりたいことを自分で決めてやることを大前提にしています。やりたいことを自分で決める。そして、やる。それが人のやる気や幸福感につながると考えているからです。目標は、わかりやすく具体的に書くこと。仕事の目標はできるだけ数字で表せるように書いてもらっています」

では、「私の目標」への取り組みを紹介しましょう。

１月の全体会議で「私の目標」をみんなに発表します。これは決意表明です。目標達成の実現へ向けてモチベーションが中だるみしないよう、７月に進捗《しんちょく》をみんなで確認し共有

私の目標

2010年より取り組み開始

年末に社内掲示

来年の目標を年末までに各々、指定用紙に記入
・会社での目標（できるだけ数字で表せる目標）
・個人的な目標

しています。

そして、その年の11月に、全体会議で「この人が一番よく頑張った！」と思う人を選び、選んだ理由を挙げ、無記名で投票する仕組みです。選ばれた中から、最も投票の多かった上位3名を忘年会で表彰、社長賞が贈られます。

仲間から寄せられた「あなたが選ばれた理由」を表彰で社長が読み上げると、感動で涙する人もいると言います。また、会社のホームページに掲載された自分の姿を子どもに見せて「お父さん頑張ったで！」と自慢した人もいると言います。

「スタッフが家族と一緒に、喜んでくれていることを知って、やって良かった」と、加藤さんは「私の目標」の意義を話してくれました。

「私の目標」の取り組みをまとめてみました。

①何のためにやるのか？　目的を明確にする
②来年の目標を年末までに各自が指定用紙に記入する
③会社での目標　できるだけ数字で表せる目標
④個人的な目標　自由に表現
⑤「私の目標」をみんなの見えるところに貼り出す
⑥１月　最初の土曜日に「私の目標」を発表
⑦７月　中間発表　目標達成へ向けて進捗を自ら確認と全員で共有する
⑧11月　成果発表　無記名で投票　なぜこの人に投票したのかその理由を書く
⑨12月　忘年会で上位３名を表彰、社長賞授与
⑩ホーページ、ブログに掲載

２０１８年、神戸大学の西村和雄特命教授らが日本人２万人を対象に自己決定の重要性について調査をしました。「自主的幸福感」を左右する因子として、年収や学歴より「自

己決定」がはるかに大きな役割を果たしていることがわかりました。

自分の進む道を自分で決めた人は、周囲から言われて決めた人より幸福感が高いのです。「私の目標」は自己決定です。目標は自由で「すべてを自分で決める」「実行する」ことにより、スタッフ自らの幸福感を高めることに役立っていると考えられます。


【コミュニケーションは直接でなくてもいい】


「しかし、長く一緒に仕事をしていると、良いところばかりではなく、相手の欠点にも目がいくものです」と加藤さんは言います。

ある時、社員の個別面談でスタッフからほかのスタッフの行動に対して否定的な話が出てきたと言います。

「『人は長所半分、短所半分。半分ずつ両方あるから人間です。両方でバランスが保たれているのです。あなたにできないことを彼はやっている。彼と同じようなことをあなたはできますか？　できないでしょう。だったら彼の良いところを見て、一緒に協力し合ったらどうだろう』と提案し面談を終えました。

どうすればいいのかと考えていたある日、あきない道場の勉強会で、『人のいいところを見よう』と、ある企業の取り組みが発表されていたのを学び参考にしました。

人は自分の長所、強みがわからないものです。ほかの人より優れた良いところを人は必ず持っているものなのです。しかし、そんな良いところがあるにもかかわらず、自分の長所を長所ととらえきれずにいる人が少なくありません。

自分がずっとやってきていることなので、それは特別なことではなく、当たり前なことだと思っているからです。自分の良いところ、長所は自分自身ではわかりにくいのかもしれません。誰が自分の長所を知っているのだろうか？　知っているのは関わる周りの人たちです。職場の人たちが、互いの良いところを発見して認め合うことができれば、これほど望ましい人間関係はありません」

相手の良い所を発見する。相手の長所を認める。「スタッフNO．1作戦」がスタートしました。

関西金属製作所の3階の会議室には、スタッフの強みを記した「スタッフNO．1ボー

会議室に貼り出されているスタッフ No.1 シート。関西金属製作所の強みは「人」です。来社していただいたお客様や協力会社の方々に読んでいただき、より良い関係づくりを目指しています。

ド」が貼り出されています。

たとえば、大西さんのシートには「チャレンジ精神が旺盛《おうせい》！」や「お客様から愛される男NO．1」と各スタッフからのメッセージが記されています。

人は、他者から認められれば、自分の価値や存在意義を実感できるのです。「スタッフNO．1ボード」は、社内の人だけではなく、取引先や協力会社のみなさんに見ていただけるよう、会議室の一番に目立つ場所に貼り出されています。

打ち合わせなどで来社したお客様が、ボードを見て「○○さん、頑張ってるな」「あなたのNO.1は○○なのですね。一緒に頑張りましょう」と、担当スタッフに声をかけてくれる機会が少なくないと言います。

人は、自分に関心を寄せてくれることで心を開き、褒めてもらうことで自信につながるのです。それが、やがてより積極的な心を育み、自分自身の意思で行動するようになる。関西金属製作所のスタッフNO.1は、組織の潜在的な可能性を引き出す仕組みです。

ちなみに「スタッフNO.1シート」の作成方法は、たとえば「出口さんがコメント」という項目が一番上に記されています。

- ●出口さんは、左の項目に書いてあるスタッフ全員の長所を書く
- ●書いた長所の部分をスタッフごとに短冊切りにする
- ●同じシートを各スタッフに配り、長所を書き短冊切りにする
- ●最後にスタッフのNO.1シートに、スタッフみんなが書いた短冊状のコメントを1枚1枚貼る。
- ●書き味の違う、想いを込めて書かれたスタッフNO.1シートの完成

スタッフNo.1

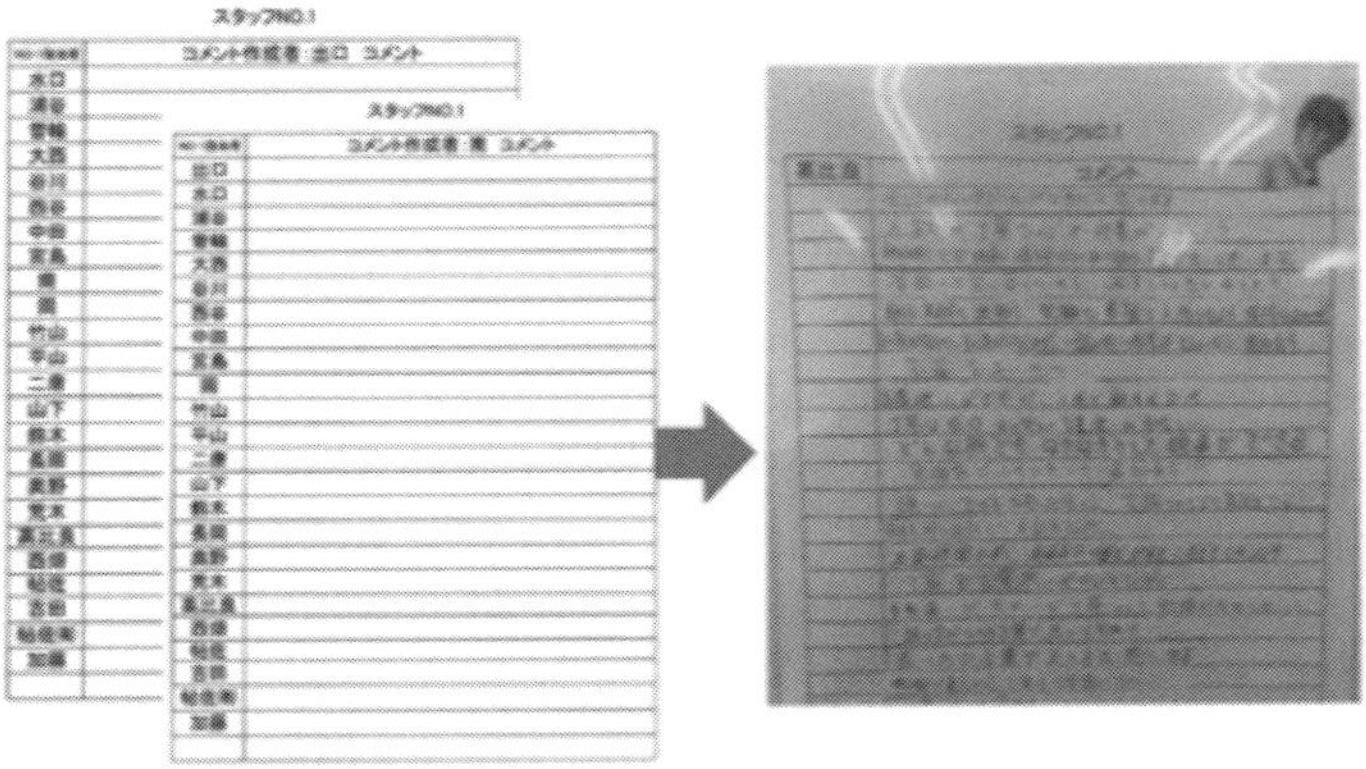

社長を含め全社員からコメントが書かれたスタッフ No.1 シート。パソコンで１枚のシートに文字を打ち込めば楽だと思いますが、わざわざ手作業でシートを切り、短冊のように１枚１枚貼っています。書き味の違った文字は人の想いを反映しています。

カリフォルニア大学のソニア・リュポミアスキー教授によると、「自分は幸福だ」と感じている人はそうでない人より仕事の生産性が31％高く、創造性は3倍になるという検証結果があります。

「良いところを書いたコメントをもらって、『自分が仲間に承認された』と実感すると、仕事への意欲が目に見えて上がる」のもうなずけます。

仲間を大切にする関西金属製作所の風土は、年輪のように、毎年コツコツと継続し積み重ねてきた結果、やがて太い幹となり安定感を増しているのです。

おわりに――

関西のある金融機関で研修を終えた時、研修企画の担当の方から年配の女性経営者を紹介していただきました。彼女の会社は油関連の特定業界に特化した町工場を経営しており、従業員数は60名程度、1人当たりの生産性が高く、業界平均の2倍近い粗利益を確保していることがわかりました。

徹底した「弱者の戦略」を実践している会社だと思い、「人材採用はどのように取り組まれていますか?」と質問をすると、彼女は「私の会社は人手不足で困ったことはありません」と笑顔で言いました。社員の家族や知人、取引先の紹介などさまざまなルートからの紹介で人材が確保できているというのです。

働いている人たちが「ウチの会社は働きがいがあるよ」と言って大切な人を紹介してくれるのですから、会社にとってこれほどありがたいことはありません。

人はどんな厳しい環境にあっても、将来に希望があるから今を頑張ることができます。小さな会社だから選ばれないのではなく、希望を感じないから選ばれていないのです。

他社より優れたノウハウや専門性があるにもかかわらず、保有している価値に気づいていない会社が少なくありません。小さな会社やお店にしかできない地域への貢献のやり方がある、小さな町工場にも世界に誇れる技がたくさんある……。しかし、自社の価値や強みがわからない会社が本当に多く、その結果、価格競争や業績悪化であえいでいるのです。

自社の価値は何なのか？　他社と違い優れているところはどこなのか？　何で差別化できるのか？

ランチェスター弱者の戦略のルールに、小さな会社は「強いモノをより強くする」という原則があります。何かの分野でNO．1を目指すことで、より強い会社づくりができるのです。言い換えると、自社独自の強みがあるにもかかわらず、探究しきれていない会社はより元気になる可能性を秘めているのです。

今から先を見据えて未来に希望が持てるようなより良い会社の基盤をつくる、そのために、ランチェスター法則を経営の役に立ててほしいと思っています。

私の想いは「小さな会社の一番を見つけ、より輝く未来を共に創る！」ことです。

あなたの踏み出した小さな一歩が、未来を大きく変えると私は信じています。

あなたと共に未来を描いていける機会を楽しみにして、終わりにします。

最後に、この本を書くことができたのも心から応援してくれた仲間と全面的に私を信頼してくれたお客様のおかげだと感じています。

チームＮＮＡは私の誇りです。中野仁さん、先日の還暦のお祝い楽しかった。屋久杉探検ツアーで10時間を超えて歩き続けた姿に感動しました。ずっと元気でいてください。藤原紀子さん、長いね。あなたと出会って25年過ぎました。わがままな私をずっとそばで支えてくれてありがとう。あなたの笑顔で何度も救われています。永野一美さん、大阪から東京へ引っ越しても、ずっと一緒に仕事ができることが何よりうれしい。大阪にいた時よりも、今がイキイキしているように見えますよ。仕事にやりがいを感じてくれていると信じています。松島則子さん、ＮＮＡのあらゆる仕組みづくりに貢献してくれていると実感しています。１段も２段も深く考えてものごとに取り組む姿勢はチームＮＯ．１です。山田眞由子さん、今回、原稿で使った新聞記事をわかりやすくまとめてくれたおかげで、調査時間を効率的に使えました。感謝しています。

フォレスト出版の稲川智士さん、ありがとうございます。企画プロデュースしていただいたおかげで、新たな分野を開拓することができました。心から感謝しています。一緒に予祝しましょう。

ランチェスター経営の竹田陽一先生、監修をしていただきありがとうございます。「良い切り口です。これまでの人事の専門家が書いたものと、文章のつくりがまったく違っており、事例もあって、とてもわかりやすくなっています。これなら評判も良いと思います」とわざわざ手書きで書いて送ってくださり感謝しています。いつまでもお元気で指導をよろしくお願いします。

株式会社永田製作所の永田弘さん、有限会社南陽硝子の泉由幸さん、彩鳥屋てっちゃんの早崎哲生さん、株式会社関西金属製作所の加藤慎二さん、多大なるご支援とご協力を賜り、心からお礼を申し上げます。加藤信治郎会長、「あんたは当たりや」と起業した頃からずっと見守ってくださったおかげで今があります。

本当の最後に、家族に感謝の気持ちを込めて、ありがとう。

令和元年　大阪南森町のオフィスにて

佐藤元相

【著者】佐藤元相（さとう・もとし）

１位づくり戦略コンサルタント、NNA 株式会社代表取締役。

1962 年生まれ。在阪のモノづくり企業に従事した自らの体験を踏まえ、コンサルタントとしてこれまで 1300 社以上の指導実績を持つ。また、豊富な現場経験から生み出された「No.1 戦略」「下請け脱却戦略」をはじめ多彩なテーマで年間 200 回以上のセミナーを行い、「実践的かつ即効性がある」と好評を博している。自ら主催する「あきない実践道場」には全国からたくさんの経営者が参加。その理論を実践し短期間に多くの成功事例を生み出している。

日本最大の製造業ポータルサイト「エミダスホームページ大賞」業者制作部門グランプリと総合グランプリを２年連続受賞。『商工にっぽん』（4 月号）の「稼ぐ名刺ベスト 5」に選出。日本郵政公社全日本 DM 大賞ハガキ部門銅賞受賞。2006 年より、ある上場企業の中国での戦略コンサルティングに携わり、中国市場におけるビジネスモデルを確立し、事業基盤の拡大、大幅な販売続伸に貢献。その成果により、プロジェクトチームが社長賞を受賞。「人を元気に　会社を元気に　地域を元気に！すること」を掲げ、経営者とより良い未来を一緒に創っていくことを自らの使命としている。

著書に『小さな会社★集客のルール』『小さな会社★ NO.1 のルール』『「あなたのところから買いたい」とお客に言われる小さな会社』『お客を呼ぶ！ スゴい仕掛け』（いずれもフォレスト出版）がある。

◆ホームページ　https://www.nna-osaka.co.jp/

【監修者】竹田陽一（たけだ・よういち）

中小企業コンサルタント、ランチェスター経営株式会社代表。

福岡県久留米市出身。福岡大学経済学部卒業後、建材メーカーで経理と営業を経験。28 歳の時に企業調査会社、株式会社東京商工リサーチに転職。34 歳のときセミナーに参加してランチェスターの法則と出合う。44 歳の時に起業してランチェスター経営を創業。以後、全国を講演で回り、講演回数は 4300 回を超える。

また、中小企業の社長向けに経営戦略 CD150 巻、DVD100 巻を制作・販売している。中小企業コンサルタントの名手として、不動のポジションをキープし続けている。この間、法則の生みの親となったフレデリック・ランチェスター氏の墓参りを 7 回している。

著書に、『ランチェスター弱者必勝の戦略』（サンマーク出版）、『社長のためのランチェスター式学習法』『1 枚のはがきで売上を伸ばす方法』（以上、あさ出版）、『小さな会社★社長のルール』『なぜ、「会社の数字」は達成されないのか？』『THE LANCHESTER STRATEGY FOR MANAGEMENT（英文のランチェスター戦略）』（以上、フォレスト出版）がある。

◆ホームページ　http://www.lanchest.com/

〈装丁〉川島進デザイン室
〈DTP・図版作成〉沖浦康彦

小さな会社★採用のルール

2019年10月7日　　初版発行

著　者　佐藤元相
監　修　竹田陽一
発行者　太田　宏
発行所　フォレスト出版株式会社
〒162-0824 東京都新宿区揚場町2-18　白宝ビル5F
電話　03-5229-5750(営業)
03-5229-5757(編集)
URL　http://www.forestpub.co.jp

印刷・製本　中央精版印刷株式会社

ISBN978-4-86680-056-1　Printed in Japan

FREE!

小さな会社★採用のルール
読者無料プレゼント

あなたの会社が欲しい人材を見つけるための
人材採用戦略シート

PDFファイル

本書をお読みいただき、ありがとうございます。

人材採用に関して、あなたの会社で欲しい人材像が見つかりましたか？

ランチェスター法則の３つの分野を人材採用に置き換えて、あなたの会社でも、独自の採用基準をつくってみてください。

そんな時に役に立つ「人材採用戦略シート」をぜひご活用ください。

シートにまとめることで、あなたの会社の人材採用戦略が出来上がります。

この無料プレゼントを手にするには
こちらへアクセスしてください

http://frstp.jp/sr

※無料プレゼントは、ウェブサイト上で公開するものであり、冊子やCD・DVDなどをお送りするものではありません。
※上記無料プレゼントのご提供は予告なく終了となる場合がございます。あらかじめご了承ください。